JN123229

インタンジブルズ・マネジメントの統合化

コミュニケーション、戦略管理、価値創造

梅田 充 ［著］

Shu Umeda

Integrate of
Intangibles Management

専修大学出版局

はじめに

　本書は，専修大学に提出した博士論文がもとになり刊行されたものである。

　本書の完成までには，多くの方々からのお力添えをいただき，筆者の力だけでは，書き上げることはできなかった。筆者は，学部，修士課程，博士後期課程と別々の大学で学んだ。博士課程の指導教授の伊藤和憲教授（専修大学）のご指導がなければ，本書の完成はなかっただろう。博士後期課程から筆者を受け入れてくれ，一から論文とはなにか，研究とはなにかを教えてくださった。特に，ゼミ合宿の夜，研究とはなにかについてお話したことは今でも鮮烈に心に残っている。先生から教わった研究の方法，研究との向き合い方を守りながら，今後も精進していきたい。

　修士課程では，当時久留米大学の田坂公教授（現：福岡大学）のご指導を受けた。原価企画の研究を行いたく，一人で福岡県に行った筆者を公私ともに面倒を見てくださった。インフルエンザに罹ったとき，一人暮らしの筆者を心配して奥様と食料をもってアパートまで来てくださったことは今でも忘れられない。

　学部時代の指導教授，佐野雄一郎教授（当時：産業能率大学）は大学院に進学するのであれば，卒業論文をしっかりと書かなければならないと仰ってくださり，ほかのゼミ生とは別のスケジュールを組んでくださった。また，吉岡勉先生（当時：産業能率大学，現：東洋大学）は，学部の違う筆者に進学のアドバイスや，田坂公先生を紹介してくださるなど進学のサポートをしてくださった。この場を借りて感謝申し上げる。

　副査をご担当いただいた専修大学の建部宏明教授，谷守正行教授には，博士論文の構成や発表の仕方など多くのご指導をいただいた。特に，相手に自

分の主張を伝える重要性を教えてくださった。また，専修大学経営学部岩田弘尚教授には，毎回ゼミに参加してくださり，インタンジブルズ，とくにコーポレート・レピュテーションについて教わった。

伊藤和憲教授が主宰する管理会計研究会では，さまざまな論文を通じて，最新の管理会計研究に触れる機会を与えていただいた。また，毎年開催される4泊5日の夏合宿では，学会発表の練習をさせていただき，専修大学名誉教授の櫻井通晴先生からアドバイスをいただいた。まさか，櫻井通晴先生から直接ご指導を受け賜われるとは夢にも思っていなかった。

毎月開催される玉川大学の小酒井正和教授が主宰する玉川研究会では，論文や学会発表資料を検討していただいた。参加メンバーは，青木章通教授（専修大学），新江考教授（日本大学），伊藤和憲教授（専修大学），伊藤武志教授（大阪大学），岩田弘尚教授（専修大学），内山哲彦教授（千葉大学），大西淳也審議官（総務省），奥倫陽教授（東京国際大学），木内正光准教授（玉川大学），関谷浩行准教授（北海学園大学），田坂公教授（福岡大学），長屋信義教授（産業能率大学），松村宏志准教授（東京農業大学），山田義照准教授（玉川大学）である。

明治大学の﨑章浩教授が主宰する管理会計普及研究会では，産業経理協会のお力を借りて，アンケート調査に基づく論文を執筆することができた。

完成までには，多くの方々からのお力添えをいただいた。ご指導くださったみなさまには心より感謝申し上げる。

博士課程1年次に同じゼミで当時博士課程3年の梅田宙先生（現：高崎経済大学），西原利昭先生（現：専修大学）は，新たな環境で戸惑う筆者に対して，いつも励ましの言葉をかけてくださった。モチベーションを保てたのはお二人おかげである。

なお，本書は令和元年度専修大学課程博士論文刊行助成を受けて刊行されたものである。専修大学出版局の真下恵美子氏には，校正の段階で大変お世話になった。

　最後に，私事になるが大学院で学ぶために援助し，研究活動を温かく見守ってくれた両親に深く感謝したい。

目　　次

はじめに

序章

本研究の目的とフレームワーク

はじめに

　近年，企業価値の源泉が有形資産からインタンジブルズ（intangibles）へと移行している。たとえば，検索エンジン等を運営する Google や研究開発を担当する GoogleX 等を傘下に収める Alphabet 社は，2017年11月現在で時価総額が約85兆8000億円，PBR6.85倍であり，市場価格は帳簿価格を大きく上回っている。市場価格と帳簿価格の乖離の要因の１つは，Alphabet 社の持つインタンジブルズであると考えられる。

　インタンジブルズの重要性が高まる中で，企業は，価値創造に向けてインタンジブルズをマネジメントしたり，インタンジブルズ情報をステークホルダーに開示したりするようになった。インタンジブルズを管理するにせよ開示するにせよ，まずは測定しなければならない。これまで，インタンジブルズの測定は，インタンジブルズのオンバランス化に焦点が当てられてきた。知的財産などの法的に所有権が認められるものはオンバランスが容易である。しかし，従業員のスキル，組織文化や顧客データといったインタンジブルズのオンバランス化は，企業によって価値が異なるため比較可能性を担保できないという課題がある。むしろ，オンバランス化よりも，企業価値創造のためには，インタンジブルズを測定して，どのようにマネジメントするかが重要となる。それでは，インタンジブルズの測定の役割には何があるのか。

　インタンジブルズの測定の役割を明らかにした研究に，Ulrich and Smallwood（2003），Marr *et al.*（2003），Andriessen（2004）および伊藤（2014）がある。そこでは，インタンジブルズの測定には，さまざまな役割があることが明らかにされている。しかし，これまでの研究では，インタンジブルズの測定の役割同士の関係は明らかになっていないため，それぞれ独立して役割を果たすのかどうかについて明らかにされていない。インタンジブルズの測定の役割は，有機的に統合することで，より企業価値の創造に寄与すると

3

考えられる。

　本研究の目的は，持続的な企業価値創造のために，コミュニケーション，戦略管理，価値創造からなる3つのインタンジブルズの測定の役割の統合化を提案することである。本章では，まず，先行研究からインタンジブルズの測定の役割を明らかにする。次に，コミュニケーション，戦略管理，価値創造それぞれの役割の先行研究を整理する。最後に，本研究の目的，フレームワークおよび研究方法を提示する。

　なお，本章は『専修マネジメント・ジャーナル』，Vol. 8, No. 1に投稿した「インタンジブルズ・マネジメントにおける測定の役割」を加筆修正したものである。掲載にあたっては，専修大学経営研究所の了承を得ている。

序.1　インタンジブルズの測定の3つの役割

　本節では，インタンジブルズの測定の役割を示した Marr *et al.*（2003），Andriessen（2004），伊藤（2014）および Ulrich and Smallwood（2003）を紹介する。そして，これらの先行研究に基づいて，インタンジブルズの測定の役割を整理する。

序.1.1　インタンジブルズの測定の役割の先行研究

　インタンジブルズの測定の役割を明らかにしたものに，網羅性を重視した Marr *et al.*（2003），Andriessen（2004），伊藤（2014）がある。また，会計学，経営学の視点に立った Ulrich and Smallwood（2003）がある。

　Marr *et al.*（2003）は，インタンジブルズに関連する論文を抽出するために，ProQuest, Emerald, InfoTrac, Ingent および Centre for Business Performance reference database というデータベースを用いて，インタンジ

ブルズに関連する用語を検索した結果，84本の文献を抽出した。この結果から，Marr *et al.*（2003）は，インタンジブルズの測定の役割には，①戦略策定，②戦略の業績評価，③報酬制度，④外部報告，⑤買収金額算定の5つがあることを明らかにした。

他方，Andriessen（2004）は，直近のインタンジブルズに関する研究で少なくとも4つ以上の文献で引用された37本の論文を抽出し，①内部経営管理，②外部報告，③法と取引の3つにインタンジブルズの測定の役割を区分した。Andriessen（2004）の文献抽出法は，直近の論文のみを対象にしたこと，また，なぜ引用回数を4回以上にしたのかが明確でないという問題がある。このことから，作為抽出を行った Andriessen（2004）よりも，無作為抽出を行った Marr *et al.*（2003）の方が網羅性と客観性がある区分であるといえる。さらに，Marr *et al.*（2003），Andriessen（2004）に基づいて伊藤（2014）は，インタンジブルズの測定の役割を①戦略策定と実行，②報酬制度，③外部報告，④法と取引に区分している。

網羅性を重視した Marr *et al.*（2003），Andriessen（2004）および伊藤（2014）に対して，Ulrich and Smallwood（2003）は，経営学や会計学の視点から，測定の役割を①価値創造，②仮説検証，③外部報告の3つに区分した。

序.1.2　インタンジブルズの測定の役割の整理

本研究では，網羅的に区分した Marr *et al.*（2003）と経営学と会計学の視点から区分した Ulrich and Smallwood（2003）に基づいて，網羅性のある新たなインタンジブルズの測定の役割を整理する。

Marr *et al.*（2003）と Ulrich and Smallwood（2003）の外部報告という役割は，インタンジブルズを測定して報告することで，ステークホルダーとの情報ギャップを解消しようとするものである。しかし，伊藤（2014，p. 64）

が指摘するように，インタンジブルズの報告を受けたステークホルダーだけでなく，報告書を作成した経営者にもステークホルダーの反応を経営にフィードバックできるというメリットがある。さらには，報告書を用いなくても，コーポレート・レピュテーションという形で企業に関する評判は経営にフィードバックされる。つまり，インタンジブルズを外部報告することで企業とステークホルダーとの双方向のコミュニケーションを図る役割がある。そこで，本研究では，コミュニケーションと呼び，インタンジブルズ情報を企業内外に開示し，ステークホルダーとのコミュニケーションを図ることと定義する。

　Marr *et al.*（2003）の戦略の策定は，戦略を策定し，いかに実行するかという戦略管理に焦点を当てている。また，Marr *et al.*（2003）の戦略の業績評価は，戦略と価値創造のドライバーであるインタンジブルズとを結びつけ戦略を評価し管理しようとするものである。Marr *et al.*（2003）の報酬制度は，従業員のモチベーションに影響を与え，人的資産を構築すると考えられることから戦略管理上重要な要素である[1]。Ulrich and Smallwood（2003）の仮説検証は，測定それ自体と言うよりは戦略という仮説を検証し，戦略管理に役立てようとするものである。本研究では，戦略管理と呼び，これを戦略管理の中でインタンジブルズをマネジメントすることと定義する。なお，戦略管理とは戦略を策定し（plan），実行し（do），モニターし（check），修正する（action）という戦略の PDCA を回すことと捉える。

　Marr *et al.*（2003）の戦略策定は，戦略管理だけでなく，価値創造のためにインタンジブルズを戦略に取り込もうとするものである。Ulrich and Smallwood（2003）の価値創造は，価値創造の源泉であるインタンジブルズをいかにして企業価値に結びつけるかに焦点が当てられている。この2つは，

---

1)　インタンジブルズは個人業績との関係が直接的でないため，個人業績に反映させたことは問題がある（伊藤，2014，p. 51）。したがって，本研究では，報酬制度を人事査定といった個人評価を含めず，人的資産の構成要素として捉える。

価値創造に焦点を当てたものである。そこで，本研究では，価値創造と呼び，これを戦略と結びついたインタンジブルズと企業価値とを因果関係で結ぶことと定義する。

戦略管理と価値創造は，本来切り分けることが難しい。たとえば，伊藤（2014）は，戦略の策定と実行のために価値創造の可視化が重要であるとし，戦略管理と価値創造を区別していない。しかし，本研究では，戦略管理の仮説検証に重点を置いていること，価値創造をコミュニケーションと結びつけるという2点から戦略管理と価値創造を区別した。

第1に，競争環境の変化が著しい今日では，戦略を策定し実行するだけでなく，戦略の結果を検証し，必要があれば修正するといった仮説検証と戦略修正が求められるようになった。したがって，仮説検証に焦点を当てた戦略管理は，必ずしも価値創造とは一致しない。

第2に，本研究における価値創造は，企業内部の経営管理の問題だけでなく，コミュニケーションと結びつける必要がある。2011年にIIRCが統合報告のディスカッションペーパーを公表され，企業は価値創造をいかにステークホルダーに伝えるかが話題となっている。統合報告は，外部報告という点では，財務会計研究のテーマであると同時に価値創造プロセスをいかに可視化するかという点では，管理会計研究の重要なテーマである。つまり，本研究では，価値創造を戦略管理だけでなく，コミュニケーションとの関係についても議論するため，戦略管理と価値創造を区別する。

Marr *et al.*（2003）の買収金額算定は，M&Aに関するものである。M&Aに関する研究は，すでに豊富な蓄積がある。本研究では，インタンジブルズのマネジメントに焦点を当てるため，買収金額算定は除外する。

以上を整理すると，インタンジブルズの測定の役割は，コミュニケーション，戦略管理，価値創造の3つとなる（図表序.1参照）。

図表序.1　インタンジブルズの測定の役割の整理

出典：Marr *et al.*（2003），Ulrich and Smallwood（2003）に基づき筆者作成。

序.2　コミュニケーションのためのインタンジブルズ・マネジメント

　インタンジブルズの測定には，インタンジブルズ情報を企業内外に報告することに加えて，ステークホルダーとの対話を図るコミュニケーションという役割がある。コミュニケーションの視点からの代表的なインタンジブルズ測定の研究として Blair and Wallman（2001）を紹介する。また，コミュニケーションの視点を拡張した代表的な研究として Lev（2001）を取りあげる。

序.2.1　コミュニケーションの視点

　Blair and Wallman（2001）は，コミュニケーションの視点から，主に投資家への外部報告を目的としたインタンジブルズ研究を行った。そして，彼らは，インタンジブルズを資産性から3つのレベルに区分した（図表序.2参照）。

8

図表序.2　Blair and Wallman（2001）の分類

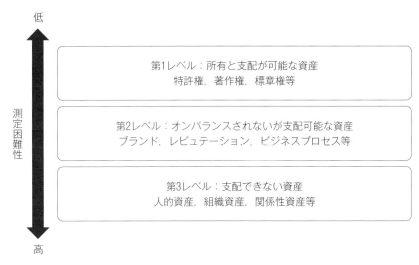

出典：Blair and Wallman（2001）に基づき筆者作成。

　第1のレベルは，企業が所有と支配可能な資産である。このレベルは，すでに，オンバランスされているものであり，特許権，著作権，商標権等からなる。これらは，所有可能で販売可能であり，現行の法制度である程度定義され保護されている資産である。

　第2のレベルは，支配可能であるが企業から分離して販売することができない資産である。第1のレベルのようにオンバランスはされていないが資産性が認められる開発途上の研究開発，事業上の秘密事項，ブランド，レピュテーション，独自の経営システムとビジネス・プロセスからなる。このレベルは，法的に権利を付すことで，第1レベルのようにオンバランスが可能になるという。

　第3レベルは，企業が全く支配できないインタンジブルズである。このレベルは，完全にオンバランスされない資産であり，人的資産，組織資産，関係性資産からなる。そして，Blair and Wallman（2001）は，第2レベルの

インタンジブルズには，法的に権利を付すことで第1レベルと同様にオンバランス化でき，第3レベルのインタンジブルズは，伝統的な財務諸表によらない報告の必要性がある。要するに，Blair and Wallman（2001）は，投資家とのコミュニケーションに焦点を当てた研究である。

序.2.2　コミュニケーションの視点の拡張

コミュニケーションの視点から戦略管理も扱ったインタンジブルズ研究にLev（2001）がある。Blair and Wallman（2001）は，開示に焦点を当ててインタンジブルズを研究した。他方，Lev（2001）は，インタンジブルズを開示するためのツールを提案し，それを戦略管理に役立てることを提案した。

Lev（2001, p. 80-81）は，インタンジブルズには高い収益力があるにもかかわらず現行の会計システムでは，貸借対照表に反映されないことを問題視した。そこで，インタンジブルズを測定し，投資家とのコミュニケーションのためのバリューチェーン・スコアボードを構築した（図表序.3参照）。

バリューチェーン・スコアボードは，インタンジブルズが成果として現れるまでの段階を発見と学習段階，実行段階，商業化段階の3つで示したものである。それぞれの段階には，インタンジブルズを測定するバリューチェーン指標が提案されている。この3つの段階は左から時系列に並んでいる。

発見と学習段階は，研究開発や従業員の訓練，技術への投資，他社との提携といった企業が所有しているインタンジブルズであり，不確実性の高い段階である。実行段階は，インタンジブルズを実現可能なビジネスへと変換する段階である。商業化段階は，どれだけ顧客に価値を提供できたかや収益や利益といった業績を生み出せたか，そして今後どの程度成長する見込みがあるかという段階である。

バリューチェーン・スコアボードは，インタンジブルズがビジネスとして実現可能になり，業績を生み，どのように成長するかを外部報告することが

図表序.3　バリューチェーン・スコアボード

発見および学習段階	実行段階	商業化段階
1. 内部的更新 ・研究開発 ・労働力の訓練と開発 ・組織資本，プロセス	4. 知的財産 ・特許権，商標権，著作権 ・ライセンス供与の協定 ・コード化されたノウハウ	7. 顧客 ・マーケティングの提携 ・ブランド価値 ・顧客の変動と価値観 ・オンライン販売
2. 買収した能力 ・技術の購入 ・スピルオーバーの活用 ・資本的支出	5. 技術的な実行可能性 ・臨床試験，食品医薬品局の認可 ・ベータ・テスト，実行パイロット版 ・先行者	8. 業績 ・収益,利益,マーケット・シェア ・イノベーション収益 ・特許権とノウハウのロイヤリティ ・知識の利益と資産
3. ネットワーキング ・R&D提携とジョイント・ベンチャー ・仕入れ先と顧客の統合 ・実務の共同体	6. インターネット ・ハードルとなる利用度 ・オンライン購入 ・主要なインターネットの提携	9. 成長予測 ・製品の流通経路と発売日 ・期待される効率性と節約 ・計画されたイニシアティブ ・予想される損益分岐点と 　キャッシュ・バーン・レート

出典：Lev（2001, p.111）.

できる。また，バリューチェーン・スコアボードは，インタンジブルズ・マネジメントを通じた戦略管理にも役立つ。要するに，Lev（2001）は外部報告というコミュニケーションだけでなく戦略管理にもインタンジブルズを役立てようとしている点で優れた研究である。

序.3　戦略管理のためのインタンジブルズ・マネジメント

　インタンジブルズの測定には，戦略策定，戦略実行および戦略修正を含む戦略管理という役割がある。戦略管理の視点からの代表的な研究として，Ittner and Larcker（2005）がある。また，戦略管理と価値創造の役割を検討したものに Kaplan and Norton（2004）がある。

序.3.1 戦略管理の視点

　戦略管理の視点から Ittner and Larcker（2005）は，財務指標と非財務指標の因果関係を検証することの重要性を明らかにした。因果関係を検証する目的は，①戦略の方向性や優先順位を伝達すること，②戦略が計画どおりに実行されているかをモニターし戦略の結果が意図されたものであるかを測定すること，③組織学習を促進して，④戦略的業績を改善するための道筋を明らかにすることがある（Ittner and Larcker, 2005）。彼らの言う戦略とは，ビジョンから導かれる将来の方向性やあるべき姿といった一般的な戦略ではなく，財務指標や非財務指標からなるバリュー・ドライバーの因果関係の仮説を指す。彼らは，戦略という仮説が成功したかどうかを検証するために，インタンジブルズと財務指標との因果関係を検証するべきであると主張した。

　多様な財務指標と非財務指標を組み合わせて業績を測定することで，多元的な視点から戦略を評価し，現状と目標にギャップがあればアクションをとることができる。Ittner and Larcker（2005, p. 89）によれば，バリュー・ドライバーと財務業績との因果関係を明確にすることで，長期的視点にたった経営ができるという。しかし，バリュー・ドライバーと財務指標との因果関係の仮説を構築している企業は，調査対象企業のうち30％以下しかない。また，実際にバリュー・ドライバーと財務指標との因果関係の検証を行っている企業は，21％未満であるという。

　彼らは，コンビニエンスストアチェーンと金融サービス業におけるバリュー・ドライバー分析を行った。リサーチサイトでは，従業員の離職率は，利益に結びつかないという仮説の下で戦略が構築されていた。しかし，分析の結果，従業員の離職率が利益に影響を及ぼすことがわかった。この結果から，彼らは戦略を検証し修正すべきと主張した。

　以上より，戦略の仮説検証のためには，バリュー・ドライバーを特定し測

定することが重要であるというのが彼らの主張である。要するに，Ittner and Larcker（2005）は，戦略管理に焦点を当て，インタンジブルズの測定を戦略修正と結びつけた優れた研究である。

序.3.2　戦略管理の視点の拡張

　インタンジブルズの測定の役割を戦略管理に限定せず，価値創造と結びつけた研究に Kaplan and Norton（2004）がある。Ittner and Larcker（2005）が財務指標と非財務指標との因果関係の検証に焦点を当てていたのに対して，Kaplan and Norton（2004）はインタンジブルズを価値源泉として管理し，戦略を包括的かつ統合的な観点から可視化するバランスト・スコアカード（balanced scorecard：BSC）を構築した。戦略マップは戦略管理だけでなく，価値創造プロセスを可視化するものであり，価値創造を取り入れ拡張された研究である。

　戦略マップは，人的資産，組織資産，情報資産といったインタンジブルズが，因果関係をもって，いかに価値創造するかを示すことができる。たとえば，訓練を受けた能力の高い従業員（学習と成長の視点）は，革新的な新製品の開発（内部ビジネス・プロセスの視点）を行うことができる。そして，市場に投下された革新的な製品はマーケットシェア（顧客の視点）を高め，最終的には利益（財務の視点）が生み出される。

　Kaplan and Norton（2004, p. 13）は，インタンジブルズを戦略と結びついた資産として捉えている。また，インタンジブルズは，内部プロセスの戦略目標に方向づけられ，統合されなければならない（Kaplan and Norton, 2004, p. 13）という。インタンジブルズが，ビジネス・プロセスと結びついてはじめて価値創造の因果連鎖が生まれるからである。要するに，Kaplan and Norton（2004）は，インタンジブルズの測定の役割を戦略管理と価値創造の２つの視点から BSC を提唱した優れた研究である。

序.4　価値創造のためのインタンジブルズ・マネジメント

　インタンジブルズの測定には，戦略に関わるインタンジブルズと企業価値とを結びつける価値創造という役割がある。価値創造の視点の研究として伊藤・関谷（2016）がある。また，価値創造の視点を拡張したものとして統合報告（IIRC，2013）がある。

序.4.1　価値創造の視点

　価値創造の視点から研究したものに，伊藤・関谷（2016）がある。彼らは，コーポレート・レピュテーションと財務業績に関する研究を出発点として，インタンジブルズによる企業価値創造のメカニズムを明らかにした。

　伊藤・関谷（2016）は，Surroca *et al.*（2010）の価値創造プロセスには，2点の問題があると指摘した。第1の問題は，インタンジブルズに投資するだけで，企業価値が創造されるモデルになっていること，第2の問題は，企業価値を株主価値と社会価値に限定している点である。そして，伊藤・関谷（2016）は，この問題を解決した新たな価値創造プロセスを提示した（図表序.4参照）。

　伊藤・関谷（2016）の価値創造プロセスの特徴は3点ある。第1に，媒介変数として，活動を入れた点である。ステークホルダーとのコミュニケーション，従業員のための労働環境の改善や地域社会のための社会貢献といった活動を通じて，企業価値が創造される。第2に，企業価値をステークホルダー価値で捉えたことである。企業の目的は，企業活動を通じて，ステークホルダー志向で価値を創造する。第3に，戦略とマネジメントコントロール・システムをコントロール変数とした点である。インタンジブルズは，ただ所有しているだけでは価値を生まない。戦略と結びついたインタンジブル

図表序.4　インタンジブルズにおける価値創造プロセス

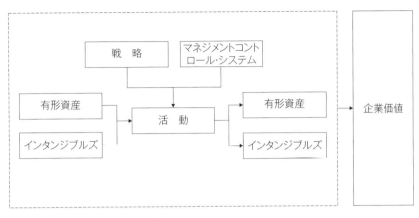

出典：伊藤・関谷（2016，p. 23）。

ズが企業価値を創造するのである。つまり，企業活動は戦略に導かれるので，それをコントロールするマネジメントコントロール・システムの影響も受ける。

　要するに，伊藤・関谷（2016）は，インタンジブルズと企業価値の関係モデルに戦略とマネジメント・コントロールを取り入れた価値創造の視点に立った優れた研究である。

序.4.2　価値創造の視点の拡張

　価値創造を拡張した研究として統合報告がある。統合報告は，オクトパスモデル（図表序.5参照）と呼ばれる価値創造プロセスを提案した。つまり，統合報告は，価値創造とコミュニケーションにまたがる。

　統合報告とは，「統合思考を基礎とし，企業の長期にわたる価値創造について定期的な統合報告と，これに関連する価値創造の側面についてのコミュニケーションに繋がるプロセス」（IIRC，2013，p. 39）と定義されている。

図表序.5 オクトパスモデル

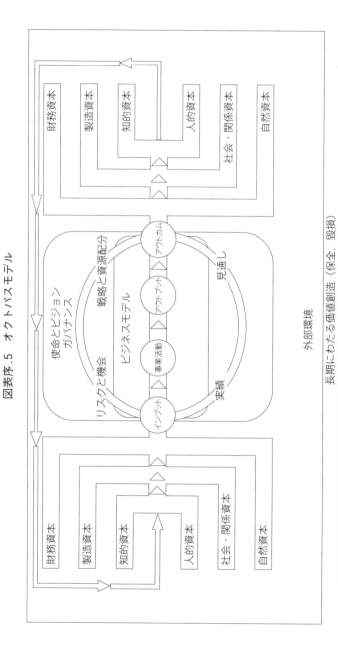

長期にわたる価値創造（保全、毀損）

出典：IIRC (2013, p. 13).

オクトパスモデルは，企業の短，中，長期的の価値創造に影響を及ぼす６つの資本（財務資本，製造資本，知的資本，人的資本，社会・関係資本，自然資本）が経営活動に投入され，期末にどのように変換されたかを示すフレームワークである。

統合報告における財務資本は資金である。製造資本は建物や設備からなる。つまり，財務資本と製造資本は従来のアニュアル・レポートで報告されてきた資産である。知的資本には，オンバランスされる知的財産のほかに，企業に存在する暗黙知やシステムなどが含まれる。人的資本は従業員のノウハウ，スキル，経験からなる。社会・関係資本は，ステークホルダーとの関係性に焦点が当てられており，企業とステークホルダーの共通の価値観やステークホルダーとの対話，ブランドやレピュテーションからなる。自然資本は，製品やサービスを提供するための環境資源である。知的資本，人的資本，社会・関係資本は，企業内部に存在する希少性，模倣困難性，非代替性をもつ価値ある資源であるインタンジブルズである（伊藤，2016）。

要するに，統合報告（IIRC，2013）は，価値創造プロセスを通じてステークホルダーとのコミュニケーションを提案した優れたフレームワークである。

序.5　先行研究との関係性

これまで，インタンジブルズの３つの測定の役割に関する先行研究を整理してきた。その結果，個別の役割についての研究と拡張したものとして２つの役割にまたがる研究が行われていることがわかった。

コミュニケーションの拡張した研究に，Lev（2001）があった。Lev（2001）は，コミュニケーションからバリューチェーン・スコアボードを提唱した。バリューチェーン・スコアボードは，外部報告だけでなく，戦略管

理への利用も想定されていた。

　Kaplan and Norton（2004）は戦略管理と価値創造にまたがる研究であった。彼らは，戦略管理と戦略マップという価値創造プロセスを結びつけた。

　価値創造では，統合報告はコミュニケーションにまで拡張した研究であった。統合報告では，価値創造プロセスをステークホルダーに開示し，コミュニケーションを図ることが提案されていた。

　このように，それぞれのインタンジブルズの測定の役割は，完全に独立した関係にあるのではなく，他のインタンジブルズの測定の役割と関わりながら研究が行われていた。各インタンジブルズの測定の役割と先行研究を整理すると図表序.6のように示すことができる。図表序.6は，特定の役割に焦点を当てた研究，2つの役割にまたがる研究があることを示唆している。

　コミュニケーションの視点から戦略管理や価値創造に拡張しようとする研究が，Lev and Gu（2016）によって行われている。彼らの問題意識は，バリューチェーン・スコアボードを提唱したLev（2003）と同様に，伝統的な

図表序.6　インタンジブルズの測定の役割における先行研究の関係性

Blair and Wallman(2001)

コミュニケーション

Lev(2001)　　　　　　　　　統合報告（IIRC,2013）

戦略管理　　　　　　　　　　　価値創造

Ittnerand Larcker(2005)　　Kaplan and Norton(2004)　　伊藤・関谷（2016）

出典：筆者作成。

財務諸表では，株主に対してインタンジブルズとそれによって創造された価値を提供できないというものである。このような問題意識の下，Lev and Gu（2016）は，バリューチェーン・スコアボードを基礎として戦略的資源・帰結報告書（Strategic Resources & Consequences Report）を提案した（図表序.7参照）。

　戦略的資源・帰結報告書は，持続的な競争優位を獲得するにあたって，投資家が事業戦略（ビジネス・モデル）やその経営者による実行の程度を評価するために必要となる本質的な情報を投資家に提供することを狙いとしている（Lev and Gu, 2016, p. 132）。そして，インタンジブルズの投資，戦略的資源および企業価値を示すものである。彼らは，企業価値の源泉を戦略的資源と呼んでいる。戦略的資源をBarney（1991）のリソース・ベースト・ビュー（resource based view）に基づいてインタンジブルズを希少かつ模倣困難で価値がある資産として捉えている。また，企業価値を株主利益で捉えている。

図表序.7　戦略的資源・帰結報告書

出典：Lev and Gu（2016, p. 127）.

戦略的資源・帰結報告書は，図表序.7の右側から資源開発，資源ストック，資源保持，資源展開，創造価値の5つのステップが示される。第1ステップの資源開発は，戦略的資源を構築するための投資である。第2ステップの資源ストックは，投資の結果，構築された戦略的資源である。第3ステップの資源保持は，戦略的資源を陳腐化させない施策である。第4ステップの資源展開は，戦略的資源が実際にどのように活用されたかを示す。最後に，第5ステップの創造価値では，戦略的資源によって創造された企業価値が示される。

　Lev and Gu（2016）の戦略的資源・帰結報告書は，投資家に戦略と結びついたインタンジブルズとそれによって創造される価値を示すものである。しかし，戦略的資源・帰結報告書は，インタンジブルズの測定の役割をすべて扱っているとは言えない。なぜならば，コミュニケーションについては，投資家のみを対象としており，企業から投資家への一方向のコミュニケーションしか想定されていない。戦略管理については，「戦略的」という語句は用いたものの，具体的にどのように戦略を管理するかについては述べられていない。価値創造については，インタンジブルズと企業価値を示してはいるが，因果関係が示されていないので，インタンジブルズがどのように企業価値に結びつくかという価値創造プロセスが明らかになっていない。

　以上のように，3つの役割は全て重要であるのにもかかわらず，全ての役割を扱った研究はなかった。Lev and Gu（2016）の研究は，コミュニケーションを軸として，戦略管理と価値創造について触れていた。しかし，戦略管理が具体的でなかったり，価値創造プロセスが示されていなかったりしたため，全ての役割を扱った研究とは言い難い。

序.6　本研究の目的とフレームワーク

　インタンジブルズは，これまでコミュニケーション，戦略管理，価値創造といった役割ごとに異なるマネジメントの手法が提案されてきた。それぞれのインタンジブルズ・マネジメントの究極的な目的は企業価値の創造にある。しかし，3つに役割に関するインタンジブルズ・マネジメントを統合する研究は行われてこなかった。

　そのため第1に，インタンジブルズ・マネジメントの統合化が行われないことで，適切なインタンジブルズ情報の開示が行われない，第2に，組織間のアライメントが十分に図られない，第3に，外部向けの情報と内部向けの情報の整合性がとれないといった課題がある。

　第1の課題は，コミュニケーションと価値創造に関わる。ステークホルダーに適切なインタンジブルズ情報を開示しなければ，ステークホルダーは企業に対して適切な評価を下せずにコミュニケーションを図ることができない。加えて，企業内部で重要なインタンジブルズを認識できていない場合，インタンジブルズがどのように企業価値に転換されるかという明確な価値創造プロセスを描くことができない。

　第2の課題は，戦略管理と価値創造に関わる。経営者は，重要なインタンジブズとは何かを識別し，関連する部署からインタンジブルズ情報を収集し，価値創造プロセスを描く必要がある。描いた価値創造と戦略管理が結びつかなければ，戦略が失敗に終わる可能性がある。また，企業戦略と事業戦略とが異なれば，戦略のPDCAを適切に回すことができない。

　第3の課題は，コミュニケーションと戦略管理に関わる。企業はインタンジブルズ情報をステークホルダーに開示することで，コミュケーションを図る。そして，ステークホルダーの意見，行動や意思決定を戦略に反映させる必要がある。外部向けの情報と内部向けの情報に整合性がない場合，コミュ

図表序.8　本研究フレームワーク

```
                    ┌──────────┐
                    │   序章   │
                    └──────────┘
                         ↓
        ┌──────────────────────────────────┐
        │             第1章                │
        │「インタンジブルズ・マネジメントと企業価値」│
        └──────────────────────────────────┘
                         ↓
        ┌──────────────────────────────────┐
        │             第2章                │
        │「インタンジブルズ・マネジメン        │
        │ トにおけるコミュニケーション」      │
        └──────────────────────────────────┘
```

第5章
「インタンジ
ブルズ・マネ
ジメントの統
合化」

第3章
「インタンジブルズ・マネジ
メントにおける戦略管理」

第4章
「インタンジブルズ・マネジ
メントにおける価値創造」

終章

出典：筆者作成。

ニケーションが図れず，結果として，ステークホルダーの意見，行動および
意思決定を戦略に役立てることができない。

　本研究は，これの３つの課題を解決するために，インタンジブルズ・マネ
ジメントの統合化を提案する。図表序.8は，本研究における研究フレーム
ワークである。

　第１章では，インタンジブルズの定義，構成要素および企業価値に関する
先行研究を整理する。そして，本研究におけるインタンジブルズおよび企業
価値を定義する。

　第２章では，インタンジブルズ・マネジメントにおけるコミュニケーショ
ンの役割について検討する。ここでは，文献研究を行い，コミュケーション
の役割および戦略管理まで拡張した研究を整理する。加えて，インタンジブ
ルズ情報を開示するさまざまなガイドラインについても比較検討する。その

結果から，コミュケーションと戦略管理とをいかに結びつけるかを明らかにする。

　第3章では，インタンジブルズ・マネジメントにおける戦略管理の役割について検討する。戦略管理は企業内部の情報であるため，公表データからは実際に企業がどのように戦略管理を行っているかが見えてこない。そこで，インタンジブルズ・マネジメントと戦略管理とを結びつけているA社を対象としたケース・スタディを行う。そして，同社へのインタビュー調査の結果から，戦略管理と価値創造とをいかに結びつけるかを明らかにする。

　第4章では，インタンジブルズ・マネジメントにおける価値創造の役割について検討する。ここでは，エーザイ株式会社の統合報告を対象としてケース・スタディを行う。同社の統合報告を選んだ理由は，インタンジブルズ・マネジメントに効果的なBSCで価値創造プロセスを示しているからである。同社のケースを通じて，価値創造とコミュニケーションとをいかに結びつけるかを明らかにする。

　第5章では，インタンジブルズ・マネジメントの統合化について検討する。ここでは，B社を対象にケース・スタディを行う。同社を選んだ理由は，統合報告を通じてステークホルダーとのコミュニケーションを図り，インタンジブルズと戦略管理を結びつけているからである。同社へのインタビュー調査の結果から，インタンジブルズ・マネジメントの統合化とその効果を明らかにする。

第 1 章

インタンジブルズ・マネジメントと企業価値

はじめに

　近年，有形資産への投資が中心の経済から研究開発，サービス，人材への投資によって企業価値を創造する知識主導型の経済に移行している（Lev，2001，p. 1；櫻井，2015，p. 599）。知識主導型の経済では，インタンジブルズが企業価値創造の中心的な役割を担う（Edvinsson and Malone，1997；Blair and Wallman，2001；Lev，2001；Kaplan and Norton，2004；櫻井，2015）。このような経済下においては，インタンジブルズ・マネジメントを通じた企業価値の創造が，企業にとって重要なテーマとなる。

　インタンジブルズ，企業価値およびインタンジブルズ・マネジメントとは何かについては論者によって見解が異なる。インタンジブルズ・マネジメントを通じた企業価値の創造を議論するにあたって，インタンジブルズ，企業価値およびインタンジブルズ・マネジメントとは何かを明らかにしておかなければならない。

　本章の目的は，持続的な企業価値創造の観点から，インタンジブルズと企業価値を定義し，インタンジブルズ・マネジメントとは何かを明らかにすることである。第1節では，管理会計に関わる先行研究のレビューから本研究におけるインタンジブルズの定義を明らかにする。第2節では，先行研究のレビューから本研究における企業価値を明らかにする。第3節では，先行研究のレビューからインタンジブルズ・マネジメントとは何かを明らかにする。最後に，本章の結論を述べる。

1.1　インタンジブルズの定義

　インタンジブルズ（intangibles）は，決して新しい概念ではなく，これま

で，会計学，経営学，法学といった学問領域で研究されてきた。Kristandl and Bontis（2007）によれば，インタンジブルズは文献によって呼び方が異なり，知的財産（intellectual property），無形資産（intangibles assets），知的資本（intellectual capital），知的資産（intellectual assets），知識資本（knowledge capital），知識に基づいた資産（knowledge-based assets）といったようにさまざまな呼び方がある。呼称が異なる理由として，Lev（2001，p. 5）は学問領域の違いをあげ，intangibles assets は会計学，knowledge assets は経営学，intellectual capital は法学で用いられるという。本研究では，これらをインタンジブルズ（intangibles）と呼ぶ。

インタンジブルズは，管理会計や経営学では，ナレッジ，人的資本，研究開発，情報資産，組織文化，コーポレート・レピュテーションといった論点で研究が展開されてきた。

ナレッジは，野中・竹内（1996）は，Polanyi（1966，p. 4）のナレッジの概念を経営学の分野に取り入れ，ナレッジマネジメントを確立し SECI モデルを提唱した。

人的資本は，Becker（1964）が人的資本（human capital）という概念を提唱したことにより広まった。会計学では人的要素をいかに測定するかという人的資源会計に焦点があてられるようになる（Brummet *et al.*，1969；若杉，1973）。その後，人的資源会計は，戦略と人的資本とを結びつけ価値創造を目指す戦略的人的資源管理（strategic human resource management）へと展開された（岩出，2002）。管理会計では，内山（2009，2010，2016）によって，人的資産をいかに測定，管理するか，また，人的資産を戦略と関わらせて価値創造と結びつけるかが明らかにされている。

研究開発は，企業が研究開発管理を行うようになった第2次世界大戦以降，展開されるようになった（Coombs，1986）。会計学では，将来便益の予測が難しい研究開発費を測定し管理する研究が行われた（西澤，1980）。その後，研究開発に関する研究は，企業の研究開発は経営戦略と統合され，経営

戦略と統合した研究開発戦略として捉えられるようになった（西村，2001，p. 18）。

　情報資産は，IT の進展により，工場だけでなく事務にまで IT が入り始めた1980年代半ばからソフトウェア原価計算として研究されてきた（櫻井，2015，p. 605）。櫻井（1987）は，ソフトウェアに資産性を認め，その原価計算，価格設定，原価管理システムを明らかにしている。Brynjolfsson（2004）は，情報資産が生産性の向上や業務プロセスの改善を促し，結果として企業価値が創造されることを明らかにしている。小酒井（2008）は，BSC を用いた情報資産の管理を提唱した。

　組織文化は，Peters and Waterman（1982）が，超優良企業に共通する組織文化を明らかにして以降，注目されるようになった。伊藤（2007，p. 231）によれば，管理会計における組織文化に関する研究は，組織文化が管理会計システムに及ぼす影響と管理会計システムが組織文化に及ぼす影響の2つのタイプがあるという。前者の代表的な研究には，Baird, Harrison and Reeve（2004），Bhimani（2003）があり，後者の代表的な研究には，Dent（1991a，1991b）がある。木島他（2006）は，組織文化の概念化，組織文化と会計情報，原価計算システム，原価意識および管理会計システムの関係性を実証した。

　コーポレート・レピュテーションは，1960年代から研究が萌芽した（櫻井，2005，pp. 14-15）。1960年代のコーポレート・レピュテーションは，顧客に製品を訴求する能力として捉えられてきた。1970年代に入ると Spence（1974）によって，コーポレート・レピュテーションと社会的評価を結びつけようとする研究が行われるようになった。1980年代，90年代になると，コーポレート・レピュテーションと経営者の行動の関係性が議論されるようになる（Weigelt and Camerer, 1988；Yoon, et al., 1993）。また，コーポレート・レピュテーションと財務業績の関係が実証研究によって明らかにされてきた（Fombrun and Shanley, 1990；Riahi-Belkaoui and Pavlik, 1991；

Roberts and Dowling, 2002)。

　これらの研究の中で，必ずしもインタンジブルズという語句は用いられていないが，個別の論点でインタンジブルズの研究が行われてきた。その後，インタンジブルズが企業価値の源泉として認識され始めるとインタンジブルズの定義づけが行われるようになった。ここでは，代表的なものとして Edvinsson and Malone（1997），Blair and Wallman（2001），Lev（2001），Kaplan and Norton（2004），櫻井（2015）を取りあげる。

　Edvinsson and Malone（1997）は市場価値が金融資本と知的資本（intellectual capital）からなるとしている（図表1.1参照）。そして，知的資本を「市場で競争力をもたらす知識，応用できる経験，組織のテクノロジー，顧客との関係，専門的な技術」（Edvinsson and Malone, 1997, p. 44）と定義した。

図表1.1　Edvinsson and Malone（1997）による知的資本の構成要素

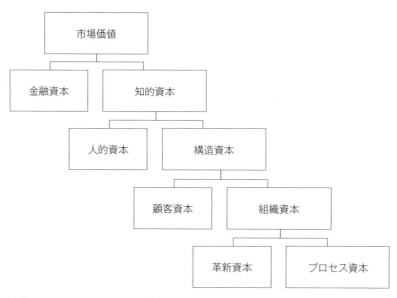

出典：Edvinsson and Malone（1997, p. 52）.

　Edvinsson and Malone（1997）の知的資本の構成要素によれば，知的資本は，まず，人的資本と構造資本からなる。人的資本は，従業員が退社すると組織に残らない属人的な性格である。一方で，構造資本は，従業員が退社しても組織に残る知的資本である。構造資本は，顧客資本と組織資本で構成される。顧客資本は，企業外部の顧客に関する知的資本であり，組織資本は企業内部に存在する知的資本である。組織資本は，革新資本とプロセス資本で構成される。革新資本は，イノベーションに関するものである。プロセス資本は，企業内で定式化されたノウハウの集合である。

　Lev（2001）は，取引のグローバル化とIT の進展という2つの経済的要因がインタンジブルズ（intangibles）の重要性を高めたという認識の下，インタンジブルズを定義した。特に，イノベーションが将来の企業価値の源泉と認識している。そして，インタンジブルズを「物理的形態または金融商品としての形態（株券または債券）を所有しない将来のベネフィットに対する請求権」（Lev，2001，p. 5）と定義した。

　Lev（2001）は，インタンジブルズを新発見，組織上の慣行，人的資源からなるとしている。新発見とは，イノベーションによって創出されたインタンジブルズである。組織上の慣行は，組織デザイン，ビジネス・モデル，マーケティングなどが含まれる。人的資源は，訓練，インセンティブ，従業員の知識などである。

　Blair and Wallman（2001）は，インタンジブルズを「財の生産またはサービスの引き渡しに貢献するか，もしくはそれに用いられる無形の要因，またはインタンジブルズの利用をコントロールする個人または企業に対して，将来の生産活動による利益をもたらすとされる無形の要因」（Blair and Wallman，2001，pp. 9-10）と定義した。

　そしてBlair and Wallman（2001）は，インタンジブルズを所有と支配が可能な資産，支配可能であるが企業から分離して販売することができない資産，企業が全く支配できない資産の3つに分類した。所有と支配が可能な資

産とは，オンバランスされる資産で，特許権，商標権，営業権などが該当する。支配可能であるが企業から分離して販売することができない資産には，ブランドやコーポレート・レピュテーションが該当する。企業が全く支配できない資産には，人的資産，情報資産および組織資産といった資産性を認められないものが該当する。

Kaplan and Norton（2004）は，戦略実行のために，無形の資産（intangibles assets）と企業価値を因果連鎖で結ぶバランスト・スコアカード（balanced scorecard: BSC）を提唱した。Kaplan and Norton（2004）は，企業価値の源泉である無形の資産をいかにマネジメントするかに焦点を当てている。そして，無形の資産を「持続可能な価値創造の究極的な源泉」（Kaplan and Norton, 2004, p. 7）と定義した。

Kaplan and Norton（2004）は，無形の資産は人的資産，情報資産，組織資産からなるとしている。人的資産は，Edvinsson and Malone と同様の考えである。情報資産は，システム，データベースおよびネットワークからなる。組織資産は，組織文化，戦略への方向づけ，リーダーシップ，チームワークからなる。

櫻井（2015, p. 599）は，知識主導型の戦略的マネジメントを遂行するためにはインタンジブルズの利用が重要であると述べている。そして，インタンジブルズを「企業価値の創造に大きな貢献を果たす無形の資産」（櫻井, 2015, p. 601）と定義した。

櫻井（2015）は，インタンジブルズが人的資産，組織資産，情報資産，コーポレート・レピュテーション，イノベーションと研究開発からなるとしている。人的資産，組織資産，情報資産については，Kaplan and Norton（2004）と同様の考えである。

Edvinsson and Malone（1997），Lev（2001），Blair and Wallman（2001），Kaplan and Norton（2004），櫻井（2015）のインタンジブルズの定義に共通していることは，無形であることと企業価値の源泉であることである。イン

タンジブルズは，有形資産に対して，触れることのできない「無形」の資産として intangibles という語句が当てられている。しかし，無形のものであれば，全てインタンジブルズというわけではなく，インタンジブルズは企業価値の源泉でなければならない。企業価値の源泉となるためには，戦略にインタンジブルズを結びつける必要がある。たとえば，TQM やシックスシグマの手法を従業員に教育することは，イノベーション戦略を取る企業よりもコストリーダーシップ戦略をとる企業に価値がある（Kaplan and Norton, 2004, p. 29）。つまり，戦略によってインタンジブルズの重要性は異なる。以上より，本研究では，インタンジブルズを戦略と結びついた無形の価値源泉と定義する。

　上記の研究を整理すると図表1.2のようになる。インタンジブルズの構成要素は，具体的に規定した Edvinsson and Malone（1997），Lev（2001），Kaplan and Norton（2004），櫻井（2015）と測定範囲で捉えた Blair and Wallman（2001）の2つのタイプがある。

　具体的にインタンジブルズの構成要素を規定した場合，論者によって含まれるインタンジブルズと含まれないインタンジブルズがある。たとえば，櫻井（2015）は，コーポレート・レピュテーションが管理会計に取り組むべきであることを今日的な課題と認識し，インタンジブルズとして捉えている。一方で，Edvinsson and Malone（1997），Lev（2001），Kaplan and Norton（2004）には，コーポレート・レピュテーションは含まれていない。時代の変化によってインタンジブルズの構成要素は拡大している。つまり，インタンジブルズの構成要素を規定しまうと，新たなインタンジブルズが登場したとき，そのインタンジブルズを体系づけられないという課題がある。

　Blair and Wallman（2001）の体系は，インタンジブルズの資産性から捉えているため，インタンジブルズの構成要素を具体的に規定した研究よりもインタンジブルズを広く捉えている。本研究では，Blair and Wallman（2001）の体系に従う。

図表1.2　インタンジブルズの構成要素

	定義	構成要素
Edvinsson and Malone（1997）	市場で競争力をもたらす知識，応用できる経験，組織のテクノロジー，顧客との関係，専門的な技術	・人的資本 ・構造資本 ・顧客資本 ・組織資本 ・革新資本 ・プロセス資本
Lev（2001）	物理的形態または金融商品としての形態（株券または債券）を所有しない将来のベネフィットに対する請求権	・人的資源 ・新発見 ・組織上の慣行
Blair and Wallman（2001）	財の生産またはサービスの引き渡しに貢献するか，もしくはそれに用いられる無形の要因，または，インタンジブルズの利用をコントロールする個人または企業に対して，将来の生産活動による利益をもたらすとされる無形の要因	・所有と支配が可能な資産 ・支配可能であるが企業から分離して販売することができない資産 ・企業が全く支配できない資産
Kaplan and Norton（2004）	持続可能な価値創造の究極的な源泉	・人的資産 ・組織資産 ・情報資産
櫻井（2015）	企業価値の創造に大きな貢献を果たす無形の資産	・レピュテーション ・イノベーションと研究開発 ・人的資産 ・組織資産 ・情報資産

出典：筆者作成。

1.2　企業価値

　企業価値の捉え方には，さまざまな見解がある。本節では，企業価値を定義する。企業価値には，単一価値を追求する見解と複数価値を追求する見解がある（図表1.3参照）。

　単一価値には，株主価値，顧客価値，社会価値，組織価値などがある。株主価値は，Mckinsey & Company（2010）に代表されるように，ROA やROE といった財務業績で測定できるもので，企業の所有者たる株主重視の考えである。顧客価値は，Drucker（1954）に代表されるように，企業の目的は利益の最大化ではなく，価格に見合う高品質で安全な製品を提供し，顧客満足を高め信頼を獲得するといった顧客重視の考えである。社会価値は，企業活動を通じた社会貢献や環境負荷の抑制を目指す考えである。組織価値は，伊丹（1987）の人本主義に代表されるように，経営理念の共有によって組織文化の醸成や，機会の均等，公正な評価を行う従業員重視の考えである。

　単一価値に対して，複数価値とは，複数の価値を同時に追求する見解である。たとえば，株主価値，社会価値，それに環境価値の追求を目指す CSR

図表1.3　企業価値

企業価値
- 単一価値
  - 経済価値（Mckinsey & Company，2010）
  - 顧客価値（Drucker，1954）（Drucker，1954）（Drucker，1954）
  - 社会価値（Sen，1992）（Sen，1992）
  - 組織価値（伊丹，1987）
- 複数価値
  - CSR（Elkington，1997）
  - CSV（Porter and Kramer，2011）
  - ステークホルダ価値（Freeman *et al.*, 2007；櫻井，2015）

（＝経済価値＋顧客価値＋社会価値＋組織価値）

出典：筆者作成。

がある。CSR では，株主価値のアンチテーゼとして社会価値や環境価値のみが重視されてきた。他方，近年，CSV（creating shared value：共有価値）という企業価値が注目されるようになってきた（Porter and Kramer, 2011）。CSV は，CSR で取りあげられる寄付や慈善活動といった本業以外の社会貢献ではなく，経営戦略に基づいて本業内で株主価値と社会価値とを同時に創造する概念である。BOP（bottom of pyramid）を対象とした商品を開発することで，社会貢献だけでなく経済価値も追及する。CSV は，顧客や従業員を無視しているわけではないが，顧客価値と組織価値を直接的には含んでいない。

　さらに，株主価値，社会価値，組織価値，それに顧客価値などを含めたステークホルダー価値がある。ステークホルダー価値は，株主価値，顧客価値，社会価値，それに組織価値といったすべてのステークホルダーに関わる価値の増大を狙うという見解もある（櫻井，2015, p. 40）。

　株主価値は株主，顧客価値は顧客，社会価値は地域社会，組織価値は従業員を第一に考える。つまり，企業価値をどう捉えるかは，ステークホルダーをどう捉えるかによって異なる。株主中心の経営では環境変化に対応できず短期的経営に陥る可能性がある。当然，株主は重要なステークホルダーであるが，株主だけでなくその他のステークホルダーも考慮すべきである。Freeman *et al.*（2007）は，著書の中で一貫して，株主がステークホルダーのピラミッドの頂点にいるのではなく，全てのステークホルダーが対等関係にあることを主張した。つまり，企業は，持続的な価値創造のためにステークホルダー全体の価値を考えた経営が求められる。以上より，本研究では，企業価値をステークホルダー価値として捉える。

1.3　インタンジブルズ・マネジメント

　ここでは，まず，第 1 節で取りあげた Edvinsson and Malone（1997），
Lev（2001），Kaplan and Norton（2004），櫻井（2015）のインタンジブル
ズ・マネジメントを整理する。なお，Blair and Wallman（2001）は，イン
タンジブルズの開示の議論が中心であり，インタンジブルズ・マネジメント
については明らかにしていない。したがって，ここでは，Blair and Wall-
man（2001）は扱わない。

　Edvinsson and Malone（1997）は，企業の経営活動を財務の視点，顧客の
視点，プロセスの視点，革新と開発の視点，人的資源の視点の 5 つに分類し
た。そしてこれらの 5 つの視点に基づいて，インタンジブルズの識別，イン
タンジブルズ構築のため活動，インタンジブルズの効果を各視点で可視化す
ることを提案した。

　Lev（2001）は，インタンジブルズ・マネジメントのフレームワークとし
て，バリューチェーン・スコアボードを構築した。バリューチェーン・スコ
アボードは，インタンジブルズを製品・サービスに転換されるプロセスとし
て発見および学習段階，実行段階，商業化段階の 3 つで可視化するものであ
る。バリューチェーン・スコアボードは，イノベーションがいかに成果とし
て現れるかに重点を置いたフレームワークとなっている。

　Kaplan and Norton（2004）は，インタンジブルズと戦略の結びつきが企
業価値創造につながるという考えの下，BSC を提唱した。BSC は，戦略
マップとスコアカードからなる。戦略マップは，財務の視点，顧客の視点，
内部ビジネス・プロセスの視点，学習と成長の視点からなり，各視点の戦略
目標を因果関係で結ぶものである。スコアカードは，戦略目標の指標，現状
値および目標値が示される。また，現状値と目標値のギャップを埋める活動
して戦略的実施項目が設定される。

櫻井（2015）は，インタンジブルズ・マネジメントの方法として BSC を支持している。加えて，レピュテーション・マネジメントには，レピュテーション監査が有効であると述べている（櫻井，2015，p. 618）。レピュテーション監査とは，RepTrak® などのレピュテーション指標を用いた外部監査である。

　さらに，上記のインタンジブルズ・マネジメントが戦略レベルでのマネジメントを対象としていたのに対し，伊藤（2014）は戦略と業務を結びつける統合型インタンジブルズ・マネジメントを提唱した（図表1.4参照）。

　第１の企業戦略の策定では，企業戦略として企業価値の創造を検討する段階である。ここでは，価値創造のために，シナジーを図ったり，事業ポートフォリオを組んだりする。また，内部の従業員に戦略を可視化して，インタンジブルズを共同で構築することも必要である（伊藤，2014，p. 3）。

　第２の事業戦略の策定では，事業戦略を策定し，BSC を構築する段階で

図表1.4　統合型マネジメント・システム

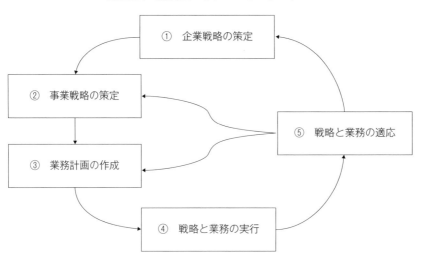

出典：伊藤（2014，p. 2）。

ある。事業戦略を戦略目標に落とし込むことで，戦略実行のための具体的な
目標を明らかにする。また，このステップでは，いかにインタンジブルズを
マネジメントするかに焦点を当てる。

　第3の業務計画は，戦略を業務計画へとカスケードする段階である。業務
計画を実施する現場担当者の日常業務の中でインタンジブルズを測定・管理
して創造できるようにしなければならない（伊藤，2014，p. 4）。第4段階
で実際に戦略と業務の実行が行われる。第5段階の戦略と業務の適応では，
戦略が計画どおり実行されているか，環境変化によって戦略の前提に変化が
ないかなど，戦略を検証する段階である。戦略の適応が必要な場合には，戦
略の一部を修正したり，一から新しい戦略を策定したりする。

　要するに，統合型マネジメント・システムは，戦略管理と業務管理の中で，
インタンジブルズ・マネジメントを行う。そして，戦略管理と業務管理を統
合するマネジメント・システムである。

まとめ

　本章では，本研究におけるインタンジブルズと企業価値を定義しインタン
ジブルズ・マネジメントを明らかにした。

　インタンジブルズとは，戦略と結びついた無形の価値源泉である。インタ
ンジブルズは，戦略によってその価値が大きく異なる。したがって，無形な
ものであれば全てインタンジブルズというわけでなく，戦略との結びつきが
重要となる。

　本研究では，企業価値をステークホルダー価値で捉える。株主中心でス
テークホルダーを捉えると企業は短期的な利益追求に向かう可能性がある。
Freeman *et al.*（2007）のステークホルダー観に鑑みれば，企業は，全ての
ステークホルダーを並立関係とし，ステークホルダーの価値を創造していく

ことで，持続的な発展が望める。

　インタンジブルズは，戦略管理と業務管理の中で，マネジメントする必要
がある。伊藤（2014）の統合型マネジメント・システムのように戦略管理と
業務管理とを結びつける必要がある。

第 2 章

インタンジブルズ・マネジメントにおける
コミュニケーションの役割

はじめに

　インタンジブルズの測定の役割には，コミュニケーション，戦略管理，価値創造の 3 つの役割がある。本章では，図表2.1の実線で示したコミュニケーションと戦略管理への拡張に焦点を当てる。

　企業は，資金拠出者，顧客，従業員，地域社会，取引先などのステークホルダーに対して積極的に自社の情報を開示し，コミュニケーションを図ることが求められている。伝統的には，資金拠出者に対して財務諸表を通じて財務業績を開示してきた。アニュアル・レポートも財務業績中心の情報開示である。その後，企業は，サステナビリティ社会の構築を担う重要なプレイヤーとして，資金拠出者だけでなくステークホルダーとのコミュニケーションも重要となった。こうした背景の中，1976年に OECD が世界初のサステナビリティ・レポートである OECD 多国籍企業ガイドラインを公表した。

　一方で，企業価値の源泉が有形資産からインタンジブルズへの移行したこ

図表2.1　本章の研究範囲

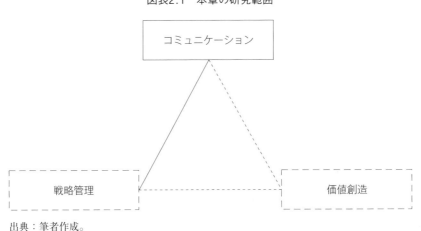

出典：筆者作成。

とによってインタンジブルズ情報開示のニーズが高まった。インタンジブルズ情報を開示し，ステークホルダーとコミュニケーションを図ろうとする議論が1990年代後半から北欧を中心に起こった。代表的なものとして，スカンディア・ナビゲーター，MERITUM ガイドライン，デンマーク知的資本報告書，わが国では知的資産経営の開示ガイドラインなどがある。そして，今日の統合報告へとつながる。本章では統合報告以前のものを考察対象とする。

　インタンジブルズの情報開示よるコミュニケーションに関する研究は，報告対象を資金拠出者とするか，全てのステークホルダーとするか，基準や指針を設けて開示するか，それとも内容は企業に一任して開示するかといった視点から研究が行われてきた。さらに，インタンジブルズ情報の報告書をステークホルダーとのコミュニケーションだけでなく，戦略管理にも利用しようとする議論もある。このように，インタンジブルズの開示よるコミュニケーションには，報告対象，開示方法，コミュニケーションと戦略管理といったさまざまな論点がある。

　本章の目的は，インタンジブルズにおけるコミュニケーションを明らかにすることである。第1節では，インタンジブルズ情報を用いたコミュニケーションについて，報告対象となるステークホルダーの範囲，情報開示の2つのアプローチを検討する。第2節では，インタンジブルズを測定という視点から分類し検討を行った Blair and Wallman（2001）とステークホルダーとのコミュニケーションを目的として，ESG 情報の開示を求めた GRI の G4 を紹介する。第3節では，インタンジブルズ情報のコミュニケーションを戦略管理へ拡張した Lev（2001）を紹介する。第4節では，コミュニケーションに関わるガイドラインを比較検討する。第5節では，インタンジブルズ・マネジメントにおけるコミュニケーションに関するインプリケーションを述べる。最後に，本章をまとめる。

2.1　インタンジブルズ情報の開示によるコミュニケーション

　本節では，まず，インタンジブルズ情報開示の必要性と困難性について検討する。また，企業が行う情報開示は，対象とするステークホルダー，開示内容のタイプによって異なる。そこで，これらについても検討する。

2.1.1　インタンジブルズ情報開示の必要性と困難性

　企業の競争優位の源泉が有形資産からインタンジブルズに変化したことにより，インタンジブルズに関する情報ニーズが高まっている。1990年代には，時価総額が純資産の帳簿価格を上回り，伝統的な財務諸表ではインタンジブルズ情報をステークホルダーに提供できないことが問題視された。伝統的な財務諸表では，インタンジブルズへの投資，たとえばイノベーションに関わる研究開発，従業員の訓練，ブランド強化等は，資産計上されない。こうした投資によって企業内部では，インタンジブルズを構築しているのにもかかわらず，資金拠出者には示されないため情報ギャップが発生する。そのことで資金拠出者の意思決定が困難になったり，またインタンジブルズ情報をもつ一部の資金拠出者によるインサイダー取引が行われたりするなどといった弊害を引き起こす。

　インタンジブルズが資産計上されない理由は，多重利用可能性，将来便益の不確実性，市場の不存在の3つがある（伊藤，2014，p. 513）。第1に，多重利用可能性は，インタンジブルズは一度使えば完全に消費されず何度も複数の製品・サービスや活動に使うことができる。したがって，インタンジブルズ投資額をどの製品・サービスまたは活動に紐づけるかが曖昧になる。第2に，将来便益の不確実性である。投資段階ではインタンジブルズは，インタンジブルズによってもたらされる将来の利益が不確実なため，投資時点

の将来価値を把握することが困難である。第3に，市場の不存在である。従業員のスキルや組織文化といったインタンジブルズには，市場が存在しないためいくらで資産計上すべきかという基準がない。以上のように，インタンジブルズ情報は企業価値の源泉として重要な情報であるが，オンバランス化は難しいものも含まれている。

2.1.2　対象とするステークホルダー

企業によるコミュニケーションには，資金拠出者を対象とするものとすべてのステークホルダーを対象とするものがある。資金拠出者を対象とする情報開示として代表的なものに伝統的な財務諸表がある。伝統的な財務諸表には，情報提供機能と利害調整機能がある（広瀬，2015，pp. 6-11）。

情報提供機能は，企業へ資金を提供する資金拠出者に対して出資金がどのように運営され利益がいくら生み出されたのかを報告することを目的とする。また，投資を検討する資金拠出者に対しては，財務業績を理解してもらい投資を促進するために情報を提供する。一方，利害調整機能は，企業のステークホルダーへの利益配分を決定し，利害対立が起こった際に利害調整を行うことを目的とする。利害調整機能は，資金拠出者に対して生み出された利益をいくら分配するか，資金拠出者や債権者，税務当局に分配する金額を調整する。伝統的な財務諸表は，資金拠出者に対して，企業の財政状況を報告し適切に配当を行っているかに焦点が当てられており，資金拠出者等を対象としたコミュニケーションといえる。

他方，サステナビリティ・レポートや知的資産報告書などは，資金拠出者だけでなく全てのステークホルダーとのコミュニケーションを目的とする。Freeman *et al.*（2007，pp. 9-10）によれば，市場の自由化，政治制度の自由化，環境主義とその他の社会的価値の出現，情報技術の激変といった環境の変化に伴って，ステークホルダーも変化した。資金拠出者のみが企業に直接

影響し利益を享受するのではなく，顧客，サプライヤー，従業員，コミュニティーも企業に多大な影響を及ぼす。したがって，サステナビリティ・レポートや知的資産報告書は，資金拠出者だけでなくステークホルダーに情報を開示し，コミュニケーションを図ることを目的とする。

　以上を整理すれば，情報開示によるコミュニケーションの対象者は，資金拠出者に限定する場合とステークホルダー全体とする場合とがある。法的要請からの伝統的な財務諸表は，貨幣評価を基礎とした資金拠出者への利益配分である。一方で，コミュニケーション対象を資金拠出者に限定せずにステークホルダーも含める見解もある。

2.1.3　情報開示のタイプ

　情報開示のタイプについて，Schaltegger（2012）はアウトサイドイン・アプローチとインサイドアウト・アプローチがあるという。アウトサイドイン・アプローチは，ガイドラインや規定に準拠して作成されるものである。その目的は，ステークホルダーの情報ニーズの充足である。一方で，インサイドアウト・アプローチは，持続可能性に対して企業がどのような業務管理を行い，何を達成できたかを報告するものである。その目的は，経営管理に関する情報を開示することで，ステークホルダーにより一層持続可能性についての理解を与えようとすることである。さらに，アウトサイドイン・アプローチとインサイドアウト・アプローチの 2 つのアプローチを統合したツイン・アプローチがある。ツイン・アプローチは，ステークホルダーの参加，協働的な戦略の策定について報告するタイプであり，ステークホルダーとのエンゲージメントをサポートする。

　伊藤・西原（2016）は，Schaltegger（2012）のタイプをさらに発展させ，情報開示だけでなく情報利用が重要であると指摘した。情報利用の重要性について伊藤・西原（2016）は，アウトサイドインかインサイドアウトか，あ

るいはツイン・アプローチかという議論は，あくまでも外部への情報開示に関する財務会計的な議論であり，管理会計の本質ではないと指摘する。そして，管理会計にとって重要なことは，ステークホルダー・エンゲージメントを通じた企業側の戦略策定への情報利用だと主張する。

　以上を整理すれば，情報開示にはガイドラインや規定に準拠したアウトサイドイン・アプローチと内部経営管理に関する情報を開示するインサイドアウト・アプローチ，それにこれらを統合したツイン・アプローチがある。また，外部報告は，情報開示だけでなく，ステークホルダー・エンゲージメントによる，戦略策定への情報利用がある。

2.2　インタンジブルズ情報によるコミュケーションに関する研究

　インタンジブルズ情報によるコミュニケーションは，ステークホルダーの情報ニーズを充足し，コミュニケーションを図ることを目的とする。代表的な研究にコミュケーションの対象を資金拠出者に限定した Blair and Wallman（2001）とすべてのステークホルダーを対象とした GRI の G4（2013）がある。

　本節では，Blair and Wallman（2001）と GRI の G4（2013）の情報開示のタイプとコミュケーションについて検討する。

2.2.1　Blair and Wallman（2001）の研究

　工業主導型経済から知識主導型経済へと移行したことにより，人々が購入した製品の価値は技術やブランド・イメージといったインタンジブルズによって大幅に高められ，企業価値の源泉としてのインタンジブルズの重要性が増加した。このような環境下において，インタンジブルズ情報の開示が喫

緊の課題である。しかし，伝統的な財務諸表は，特定のインタンジブルズしか開示されないという問題がある。このような背景から Blair and Wallman（2001）は，インタンジブルズのオンバランス化を目指した。

　インタンジブルズがオンバラスされない最大の理由は，測定困難性である Blair and Wallman（2001, p. 30）。単価や数量が定まっている有形資産は，いくらインプットされ，いくらアウトプットされるかを容易に把握することができる。一方で，インタンジブルズは，投資額や支出額以外の直接的な指標で測定することが困難である。たとえば，従業員のスキルアップを目的として従業員訓練費を費やしたとしよう。訓練を受けた従業員全員がスキルを習得するわけではなく，習得したスキルの程度にもムラがある。インタンジブルズは従業員のスキルそのものであって，訓練費で表すことは適切でない。このように，投資額や支出額でインタンジブルズを測定することには限界があり，Blair and Wallman（2001）は，これを測定困難性と呼んだ。

　インタンジブルズは，その性質から測定困難性を伴うが，インタンジブルズ情報を開示しなくてよいという理由にはならない。インタンジブルズ情報を開示しなければならない理由として，Blair and Wallman（2001）は，インタンジブルズ情報は資金拠出者にとって企業の将来を判断し，投資意思決定に影響を及ぼし，開示された情報に関して不明な点や不満な点があれば株主総会等を通じて企業とコミュニケーションを図ることができるという。

　Blair and Wallman（2001）は，FASB（1996）の資産性の 4 要件からインタンジブルズのオンバランス化を検討している。資産性の 4 要件とは，①その資産が正しく定義されたうえで他の資産と区別されること，②企業がその資産に対して実質的な支配を有していること，③その資産からもたらされる経済的便益を予測できること，④その資産の経済的価値が減損したのかどうか，その減損の程度を判断できることである。

　すべてのインタンジブルズが，この資産性の要件を全て満たすわけではない。1 つは，定義による他の資産との区別ができたとしても，インタンジブ

ルズは他のインタンジブルズと相互に関連して価値を生み出す。たとえば，ブランド価値は広告宣伝によるレピュテーションの向上だけでなく，製品の機能に関する特許に依存するかもしれない。2つは，実質的支配で言えば，自社で従業員訓練への投資を行い，スキルを持った従業員が育成されても，その従業員は転職する可能性がある。したがって，企業は従業員を完全に支配することができない。また，3つは，インタンジブルズは経済的便益の把握が難しい。たとえば，当初は失敗と考えらえられた研究開発であったとしても，異なる技術と結合したり，他社にとっては魅力ある技術である可能性がある。

　Blair and Wallman（2001，pp. 9-10）は，インタンジブルズを「財の生産またはサービスの引き渡しに貢献するか，もしくはそれに用いられる無形の要因，またはインタンジブルズの利用をコントロールする個人または企業に対して，将来の生産活動による利益をもたらすと期待される無形の要因」と定義した。定義からもわかるようにインタンジブルズは財務会計上の資産性の要件を満たさないものも含まれていることがわかる。Blair and Wallman（2001）は，インタンジブルズを資産性の要件を満たすものに限定せずに幅広く捉え，インタンジブルズを測定困難性に基づいて3つのレベルに分類した（図表序.2参照）。

　第1レベルは，所有と支配が可能な資産である。このレベルは，すでに，オンバランスされているものであり，特許権，著作権，商標権からなる。これらは，所有可能で販売可能であり，資産性の4要件を満たす。

　第2レベルは，支配可能であるが企業から分離して販売することができない資産である。第1レベルのようにオンバランスはされていないが資産性が認められる開発途上の研究開発，事業上の秘密事項，ブランド，レピュテーション，独自の経営システムとビジネス・プロセスである。

　第3レベルは，企業が全く支配できないインタンジブルズである。このレベルは，完全にオンバランスされない資産であり，人的資産，組織資産，関

係性資産からなる。

　以上を整理すると，インタンジブルズは，財務会計上の資産性の要件を満たさずとも，資金拠出者にとって重要なインタンジブルズ情報を開示しなければならないということが Blair and Wallman（2001）の主張であった。第2レベルの支配可能であるが企業から分離して販売することができないインタンジブルズは，法的に所有権を付与することでオンバランス化し開示することを提案した。また，第3レベルの企業が全く支配できないインタンジブルズの開示については，定義を明らかにし，用語を統一し，ビジネス・モデルを構築することを提案した。この提案は，伝統的な財務諸表に頼らない新たな開示方法を示唆している。

　Blair and Wallman（2001）が目指すところは，インタンジブルズ情報を資金拠出者に対してどのように開示するかという点にあった。言い換えれば，資金拠出者の情報ニーズを充足させるためのインタンジブルズ情報の開示に関する規定の新たな提案である。Blair and Wallman（2001）の研究は，資金拠出者の情報ニーズを充足することで，資金拠出者の意思決定に影響を及ぼしたり，株主総会を通じてコミュニケーションを図ることができる。

2.2.2　GRI サステナビリティ・レポート第4版

　GRI（Grobal Reporting Innitiative）の G4 の主目的は，ガバナンス，環境，社会，ステークホルダーの経済状況や地域，国，グローバルレベルの経済システムに与える影響に関心をもつ全てのステークホルダーに情報を提供することである（GRI，2013，p. 1）。

　GRI の G4 は，ガイドライン作成の前提として，ステークホルダーを特定すること，持続可能性，マテリアル，網羅性の4つの原則が設けられている。求められる開示項目は，一般標準開示項目と特定標準開示項目からなる。一般標準開示項目は，戦略および分析，組織のプロフィール，特定されたマテ

リアルな側面とバウンダリー，ステークホルダー・エンゲージメント，報告
書のプロフィール，ガバナンス，倫理と誠実性の7つの項目が記述される。

　図表2.2は，一般標準項目のひな型である。項目の下にある番号は，項目
ごとに，記述すべき内容であり，詳細にその内容が定められている。

　特定標準開示項目は，戦略的に重要である経済・環境・社会に与える重要
な影響を記述する項目である。特定標準開示項目は，一般標準開示項目と同
様に，カテゴリーごとに記述すべき内容が詳細に定められており，ページ数
と外部保証についても同様である。開示される項目は，経済，環境，社会の

図表2.2　一般標準開示項目

一般標準開示項目		
一般標準開示項目	ページ	外部保証
戦略および分析		
G4-1〜2		
組織のプロフィール		
G4-3〜16		
特定されたマテリアルな側面とバウンダリー		
G4-17〜23		
ステークホルダー・エンゲージメント		
G4-24〜27		
報告書のプロフィール		
G4-28〜33		
ガバナンス		
G4-34〜55		
倫理と誠実性		
G4-56〜58		

出典：GRI（2013，pp. 29-31）の各開示項目を省略。

3つのカテゴリーからなり，社会カテゴリーは，労働慣行とディーセント・ワーク，人権，社会，製品責任に細分化される。具体的には，各項目の指標，マネジメント手法の有効性を評価する仕組み，評価結果等が記述される。

GRIのG4の特徴は，ガイドラインの質を保つために比較可能性を求めていることにある。何を記述すべきかを詳細に定めることで，期間比較だけでなく，他社比較も可能になる。また，記述内容について，外部保証の有無も記述することで，ナラティブ情報の信頼性が向上し，財務報告書等の外部保証のある報告書との関係性を示すことができる。

GRIのG4は，企業の出資者，顧客，その他のステークホルダーに対して，コミュニケーションを図ることによるステークホルダー・エンゲージメントの確立を目指す。また，原材料やエネルギーに関する環境資産，雇用や労働環境に関する人的資産，ステークホルダー・エンゲージメントに関する関係性資産といったインタンジブルズが示される。GRIのG4は，比較可能性を担保するために詳細に開示項目が定められており，財務報告書等と関連づけることも記述しなければならず基準に準拠したガイドラインといえる。

2.3　インタンジブルズ情報によるコミュニケーションを拡張した研究

Lev（2001, pp. 80-81）は，伝統的な財務諸表では，インタンジブルズを適切に測定評価できず，インタンジブルズ情報の欠如という問題があることを指摘した。インタンジブルズ情報の欠如は，コミュニケーションと戦略管理を困難にするという。そして，この問題に取り組むために，バリューチェーン・スコアボードと呼ばれる新しい情報システムを構築した。本節では，バリューチェーン・スコアボードの基礎となるインタンジブルズの経済学とバリューチェーン・スコアボードのコミュニケーションと戦略管理の視点から検討する。

2.3.1　インタンジブルズの経済学

　有形資産や金融資産と同様にインタンジブルズもベネフィットとコストの均衡という基礎的な経済法則に服するという事実が見逃されている（Lev, 2001, p. 21）。Lev（2001）の主張は，インタンジブルズによってもたらされる利益を得るためには，何らかの犠牲が生じ，これらを把握することがインタンジブルズを管理，評価する前提となるという。そして，この考えをLev（2001）は，インタンジブルズの経済学と呼んだ。

　インタンジブルズは無形であるゆえに，将来もたらされるベネフィット，コストを把握することが，有形資産に比べて難しい。Lev（2001）は，インタンジブルズの管理と報告の前提なるインタンジブルズの経済学フレームワークを明らかにした（図表2.3参照）。インタンジブルズの経済学フレームワークは，インタンジブルズが将来の利益に及ぼす影響要因としてバリュー・ドライバー（価値推進要因）とバリュー・ディトラクター（価値毀損要因）の２つからなる。

　バリュー・ドライバーは，将来の利益に正の影響を及ぼすインタンジブルズの特性であり，汎用性とネットワーク効果がベネフィットをもたらす（Lev, 2001, p. 54）。汎用性とは，資産が特定の用途で使用されると別の用途に使用できるかどうかである。たとえば，製品を製造するために新しい機械を導入したとしよう。特定の製品を製造している間は，別の製品を製造することはできない。一方で，コーポレート・ブランドの場合，全く異なるタイプの製品であっても企業ロゴを付すだけで，その製品にブランドが付加される。つまり，インタンジブルズは，多重利用が可能な汎用性のある資産である。

　また，設備や機械といった有形資産は，一定期間でスイッチング・コストが発生する。インタンジブルズの場合，基本的にスイッチング・コストがか

54

図表2.3　インタンジブルズの経済学フレームワーク

バリュー・ドライバー　　　　　　　　　　　バリュー・ディトラクター

汎用性
―非競合性
―収穫逓増

ネットワーク効果
―正のフィードバック
―ネットワークの外部性
―デ·イファクトスタンダード

部分的排除
―スピルオーバー
―不明確な財産権
―企業利益と社会利益

固有リスク
―サンク・コスト
―創造的破壊
―リスク・シェアリング

売買不可能性
―契約上の諸問題
―軽微な限界コスト
―情報の非対称性

出典：Lev（2001, p. 48）.

からないため，収穫逓増的にベネフィットが増加する。技術の更新や従業員の再教育への再投資が行われた際でも，既存のインタンジブルズが基礎となるため，有形資産のように除却という形ではなく，蓄積される。

　ネットワークの効果とは，企業の有形，無形のネットワークに繋がる人数や企業数に伴って得られる便益である。たとえば，楽天はインターネット上で強固なネットワークを形成している。楽天は，ネットショッピングをはじめM&Aによってネットバンク，旅行業，クレジットカード事業といったコンテンツを増やしネットワークを拡充していった。ネットショッピングの支払いを楽天のクレジットカードで行った顧客に，ポイントや特典を付与することで，楽天のネットワークに引きつけることに成功した。

　バリュー・ディトラクターは，インタンジブルズを管理する能力が制約されている場合の不経済の要因（Lev, 2001, p. 49）のことである。このバリュー・ディトラクターには，部分的排除，固有のリスク，売買不可能性がある。

部分的排除は，インタンジブルズ投資によるベネフィットを完全に所有者が支配することができないことである（Lev，2001，p. 33）。たとえば，企業が従業員訓練に投資する場合（MBA 取得の授業料等），訓練を受けた従業員が転職すると，転職先の企業がベネフィットを得ることになる。特許権や商標権といった法的に保護されているインタンジブルズでは，スピルオーバーが発生する。特許期間が満了する前に競争相手が模倣したり，似たようなデザインの商品を販売したりするなど知的財産に関する訴訟が後を絶たない。

　固有のリスクの原因は，イノベーションへの投資の成果の不確実にある。バリューチェーンにおいて，源流段階の R&D 投資は製造活動やマーケティング活動および資金調達をはじめとするその他の活動に比べて，リスクが高い。イノベーションのための R&D 投資額は，製品・サービス化されなかった場合，全て回収不能となる。しかし，Lev（2001，p. 49）は，インタンジブルズへの投資は，有形資産への投資に比べてリスクが伴うからといって減少させるべきではなく，むしろ適切に管理することでリスクを回避すると指摘する。

　売買不可能性は，インタンジブルズを取引する市場が存在しないため，インタンジブルズ単体で取引できないことである。特に，イノベーションに関わるインタンジブルズには固有のリスクがあるので，契約が難しく売買が困難になる。

2.3.2　バリューチェーン・スコアボード

　Lev（2001）は，ステークホルダーや経営者は，経営の能力や業績を左右するインタンジブルズ情報を与えられていないと指摘する。そしてバリューチェーンの源流段階である研究開発の評価とそこから得られるベネフィットの認識が最も重要だという。

図表2.4　バリューチェーン・スコアボード

発見および学習段階	実行段階	商業化段階

1.　内部的更新 ・研究開発 ・労働力の訓練と開発 ・組織資本，プロセス	4.　知的財産 ・特許権，商標権，著作権 ・ライセンス供与の協定 ・コード化されたノウハウ	7.　顧客 ・マーケティングの提携 ・ブランド価値 ・顧客の変動と価値観 ・オンライン販売
2.　買収した能力 ・技術の購入 ・スピルオーバーの活用 ・資本的支出	5.　技術的な実行可能性 ・臨床試験，食品医薬品局の認可 ・ベータ・テスト，実行パイロット版 ・先行者	8.　業績 ・収益，利益，マーケット・シェア ・イノベーション収益 ・特許権とノウハウのロイヤリティ ・知識の利益と資産
3.　ネットワーキング ・R&D提携とジョイント・ベンチャー ・仕入れ先と顧客の統合 ・実務の共同体	6.　インターネット ・ハードルとなる利用度 ・オンライン購入 ・主要なインターネットの提携	9.　成長予測 ・製品の流通経路と発売日 ・期待される効率性と節約 ・計画されたイニシアティブ ・予想される損益分岐点とキャッシュ・バーン・レート

出典：Lev（2001, p. 111）.

　Lev（2001）は，インタンジブルズの経済学フレームワークを前提とし，インタンジブルズに焦点を当てたバリューチェーンに関する情報を提供するシステムとして，バリューチェーン・スコアボードを構築した（図表2.4参照）。

　バリューチェーン・スコアボードは，発見および学習段階，実行段階，商業化段階からなり，バリューチェーンを示している。発見および学習段階は，企業内外を通じて，新しいアイデア（イノベーション）を発見する段階である。実行段階は，発見および学習段階で発見されたアイデアを実際の製品・サービスへと変換する段階である。商業化段階は，イノベーションがどの程度成功したかを示す段階である。

　バリューチェーン・スコアボードは，資金拠出者に対して，インタンジブルズをどのように管理するかという経営情報を開示する。また，インタンジブルズが製品・サービスとして顕在化した結果として何が生み出されたのかを示す。

(1)　バリューチェーン・スコアボードによるコミュニケーション

　バリューチェーン・スコアボードは，バリュー・ディトラクターを克服し，企業の実態に則したインタンジブルズ情報を提供することができる。また，構築・獲得されたインタンジブルズが，実際に販売され利益を生むまでのバリューチェーンを示している。バリューチェーン・スコアボードがインタンジブルズが将来どのような利益をもたらすかを包括的に示すことで，固有のリスクを軽減させることができる。

　発見および学習段階では，主として自社の構築・獲得したインタンジブルズが示され，自社の所有するインタンジブルズを明確にし示すことができる。また，スピルオーバーの活用を記述することで，他社のインタンジブルズと区別することができる。自社と他社のインタンジブルズを明確にすることは，部分的排除を軽減する。

　実行段階は，イノベーションの実現可能性が示される。イノベーションが製品・サービスに変換する過程を示すことは，将来利益の不確実性を軽減する。そして，ステークホルダーは，開発途中のイノベーション投資が成功するかどうか，将来，利益を生むかどうかを判断することができる。

　商業化段階は，製品・サービス化されたインタンジブルズが生み出す成果を示す。伝統的な財務諸表では，個々のイノベーションが生む成果を判断することができない。個々の製品・サービス化されたイノベーションがどの程度成功したかを示すことで，ステークホルダーはインタンジブルズ投資の成否を判断することができる。

　このように，バリューチェーン・スコアボードは，バリュー・ドライバーを示すことで，インタンジブルズによるベネフィットを増加させることができる。また，バリュー・ディトラクターを克服することでコストを低減する。バリューチェーン・スコアボードは，ベネフィットとコストを示すことで，資金拠出者が企業のインタンジブルズおよびその成果の理解を深め，コミュニケーションをとることができる。

(2)　バリューチェーン・スコアボードによる戦略管理

　バリューチェーン・スコアボードは，経営者にもインタンジブルズ情報を提供する（Lev, 2001, p. 106）。経営者に情報を提供することで，コミュニケーションだけでなく戦略管理も行える。

　バリューチェーン・スコアボードは，インタンジブルズの経済学フレームを基礎とすることで，バリュー・ドライバーとバリュー・ディトラクターという特性を反映している。経営者が戦略的に重要なインタンジブルズの特性を認識することは，マネジメントの第一歩といえる。経営者が特性を理解していない場合，バリュー・ディトラクターによって，インタンジブルズ投資が失敗する可能性が高くなる。たとえば，イノベーションは，有形資産と比べてリスクが高いものの，製品・サービス化されなくとも，その間に培われた技術・能力はそのまま企業に蓄積される。経営者は蓄積された技術・能力を認識し，再投資する研究開発と関連づけることで，インタンジブルズを最大限に活用することができる。

　発見および学習段階は，研究開発，人的資産，組織資産が示される。これらのインタンジブルズは，イノベーションを実現するためのもので，相互に関わり合っている。インタンジブルズをイノベーションに方向づけることで，関連する組織も方向づけられる。

　実行段階は，イノベーションが製品・サービスに変換される過程を示すので，進捗管理に役立つ。イノベーションによる投資は，全てが成功するわけではない。したがって，イノベーションの実現可能性を把握することで，実現不可能とわかればすぐに撤退することがきる。実行段階は，知的財産，技術的実行可能性，インターネットの3点から，進捗度を測ることができる。

　商業化段階では，個々のイノベーションを管理できる。また，マーケットシェア等の非財務指標は，販売提携（Lev, 2001, p. 114）といった業務計画立案に有用である。

　以上のように，バリューチェーン・スコアボードは，戦略管理にも有効で

ある。バリューチェーン・スコアボードは，インタンジブルズの特性を経営者が認識することで，インタンジブルズを最大限に活用でき，組織をイノベーションへと方向づけることができる。発見および学習段階は，経営者が自社に必要なインタンジブルズを認識し構築し，実行段階は，製品・サービス化の進捗管理に役立つ。商業化段階は，インタンジブルズが顕在化した製品・サービスの将来収益予測に基づいた業務計画を立案することができる。

2.4 インタンジブルズのコミュニケーションに関わるガイドラン

本節では，スカンディア・ナビゲーター，MERITUM ガイドライン，デンマーク知的資本報告書，知的資産経営の開示ガイドラインを取りあげる。これらの報告書をコミュニケーションと戦略管理の2つの視点から検討する。

2.4.1 スカンディア・ナビゲーター

スカンディア・ナビゲーターは，企業価値の源泉として重要性が高まっているインタンジブルズの測定・開示の実践的活用としてスカンディア社によって開発された。スカンディア・ナビゲーターは，企業価値創造に向けてインタンジブルズと企業価値創造およびその貢献に関する広いステークホルダーの理解の推進を目的としている（Danish Trade and Industry Development Council, 1997）。本項では，スカンディア・ナビゲーターをコミュニケーションと戦略管理の視点から検討する。

（1） スカンディア・ナビゲーターによるコミュニケーション

スカンディア・ナビゲーターの報告体系は，財務の視点，顧客の視点，プロセスの視点，革新と開発の視点，そしてこれらの視点で重要な従業員を示

60

図表2.5　スカンディア・ナビゲーター体系

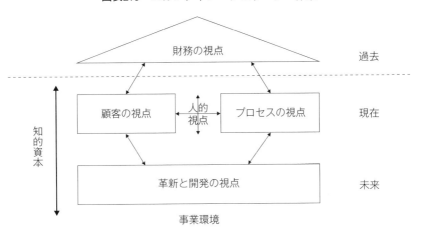

出典：Edvinsson and Malone（1997，p. 68）.

す人的視点の5つからなる（図表2.5参照）。財務の視点は資金拠出者，顧客
の視点は顧客，プロセスの視点は従業員，環境や地域社会，人的視点および
革新と開発の視点は従業員に関連する指標が設定される。つまり，スカン
ディア・ナビゲーターは，幅広いステークホルダーを対象としている。

　スカンディア・ナビゲーターでは財務の視点を頂点として，財務業績を4
つの視点が支える形となっている。顧客の視点は，顧客に対してどのような
価値提案を行えるかを示すものである。たとえば，測定指標としては，年間
販売額／顧客数，平均顧客単価，市場シェア，契約数，顧客満足度がある。
プロセスの視点は，企業内部の事業活動の業績を示すものである。たとえば，
測定指標としては，一般管理費／管理可能資産，一般管理費／従業員数，従
業員あたり契約数，不動資産使用率がある。革新と開発の視点は，イノベー
ションに関する視点である。たとえば，測定指標としては，能力開発費／従
業員数，R&D費／顧客数，エンパワーメント指標，アイデア数などがある。
人的視点は，人的資産を通じて，顧客の視点，プロセスの視点，革新・開発

の視点を示すものである。たとえば，測定指標としては，従業員数，従業員あたり訓練費，従業員離職率がある。

　また，スカンディア・ナビゲーターが，インタンジブルズ（顧客の視点，プロセスの視点，革新と開発の視点，人的視点）と結果（財務の視点）を認識・測定することで，ステークホルダーは企業がどのようにインタンジブルズを活用し結果を生み出すのかを理解することができる。また，過去，現在，未来という時間軸を示し，ステークホルダーに継続して報告することによって，ステークホルダーは一貫した情報を得ることができる。このように，スカンディア・ナビゲーターによる情報開示は，ステークホルダーのインタンジブルズ，インタンジブルズ構築のための活動およびその成果の理解を深め，コミュニケーションを図ることができる。

　以上のように，スカンディア・ナビゲーターは，現在構築すべきインタンジブルズを開示するとともに，インタンジブルズを指標化しどのように活用するかをステークホルダーに伝えることができる。

(2)　スカンディア・ナビゲーターによるマネジメント

　スカンディア・ナビゲーターは，コミュニケーションだけでなく戦略管理にも有効である。スカンディア・ナビゲーターは，現在の経営活動のみならず，過去や未来の経営活動も含んでいる（Edvinsson, 1998）。また，所有するインタンジブルズそのものの開示より，何をすべきかという活動に大きなウェイトが置かれている（古賀，2012，p. 310）。要するにスカンディア・ナビゲーターは過去，現在，未来の経営活動の記述に重点が置かれているという特徴がある。

　古賀（2012）は，スカンディア社の報告書で記述されたスカンディア・ナビゲーターの指標をもとに，資源（現在所有しているインタンジブルズ），活動（価値創造のための活動），その効果の3つを整理している（図表2.6参照）。

図表2.6　スカンディア・ナビゲーター指標の分析

区分	インタンジブルズ：「回か存画するか」	活動：「何がなされるか」	効果：「何が生じるか」
財務の視点	―	・資本収益率 ・営業利益 ・従業員あたり付加価値 ・利回り ・自己資本比率	・市場価値（市場による評価）
顧客の視点	・顧客数 ・契約数 ・平均リース期間 ・個人保険証券数	・平均あたりの貯蓄数 ・平均賃貸料	・顧客満足指数 ・保険解約率 ・サービス評価 ・電話による問い合わせ
人的視点	・常勤従業員数 ・女性管理職数 ・平均勤続年数 ・大卒／オフィス・スタッフ指数 ・平均年数	・人的資本指数 ・従業員あたり訓練費 ・訓練日数	・従業員転職率
プロセスの視点	―	・従業員あたり契約数 ・不動資産使用率 ・賃金コスト ・管理費／総保険料 ・IT費用／管理費 ・スクウェアあたり正味営業利益 ・スクウェアあたりコスト	―
革新・開発の視点	・総資産 ・ファンドの正味資産評価	・新規保険売り出しによる総保険料の割合 ・不動産取引（購入・販売） ・訓練費／管理費 ・開発費／管理	・正味保険料の増加率 ・保有物件の変動と推移 ・新規顧客の割合

出典：古賀（2012, p. 309).

図表2.6は，所有しているインタンジブルズが，経営活動を通じて，結果が示される表となっている。インタンジブルズと結果を結ぶ経営活動を示めすためには，経営者は戦略に沿った経営計画を立案しなければならない。

　スカンディア・ナビゲーターは，結果を実現する活動が示されるので経営計画の立案・実行するに役立つ。しかし，経営活動と戦略との関係性は不明確であるため，戦略の策定・実行および修正は行われない。

2.4.2　MERITUM ガイドライン

　MERITUM（MEasuRing Intangibles To Understand and improve Management）プロジェクトは1998年にスウェーデン，フィンランド，デンマークといった北欧諸国を中心として発足した。このプロジェクトによって作成された MERITUM ガイドラインは，あらゆる種類の企業が所有するインタンジブルズを認識・測定・管理することを目的としている（MERITUM, 2002, p. 3）。本項では，MERITUM ガイドラインをコミュニケーションと戦略管理の視点から検討する。

(1)　MERITUM ガイドラインによるコミュケーション
　企業は，企業価値の源泉に関する企業の能力，資源，コミットメントをステークホルダーに報告することが求められる（MERITUM, 2002, p. 17）。MERITUM ガイドラインは，特定のステークホルダーに限定しておらず，そのコミュニケーション対象を広範なステークホルダーを想定していることに特徴がある。図表2.7は，MERITUM ガイドラインの知的資産報告書モデルである。

　MERITUM ガイドラインの知的資産報告書は，ビジョン[1]，資源と活動，指標の体系の３つからなる。ビジョンは，戦略目標，戦略目標を達成する重要なインタンジブルズを記述する。資源と活動は，企業が構築すべきインタ

図表2.7　MERITUM ガイドラインの知的資産報告書モデル

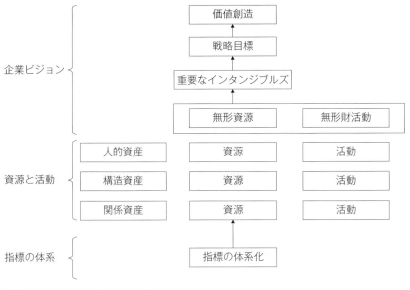

出典：MERITUM（2002, p. 21）.

ンジブルズと企業価値を高める活動が記述される。MERITUM ガイドラインの特徴は，企業価値を高める活動，つまり，バリュー・ドライバーもインタンジブルズとして捉えている点にある。指標の体系では，インタンジブルズを測定する財務指標，非財務指標が設定される。

　MERITUM ガイドラインは，明確な戦略に基づく記述であることと，企業内外に適切に戦略を伝えることという 2 つの要件がある（MERITUM, 2002, p. 19）。言い換えれば，企業は戦略に基づいて，ステークホルダーに対して明確なコミットメントを持たなければならない。また，ステークホル

---

1)　一般的に使われる企業がありたい姿を示すビジョンとは異なり，より具体的な戦略目標のことを指す。

ダーとの情報ギャップの解消のみならず，戦略を主軸とする企業内外の一貫したコミットメントが重要となる。

　以上を整理すれば，MERITUM ガイドラインはインタンジブルズとインタンジブルズによる企業価値を創造する活動，つまりマネジメントに関する情報がステークホルダーに提供される。

(2)　MERITUM ガイドラインによる戦略管理

　MERITUM ガイドラインでは，図表2.8のようなインタンジブルズ・マネジメント・システムを提案している。

　まず，戦略目標を設定する。次に戦略目標を達成するために必要なインタンジブルズを特定し，測定する。そして，インタンジブルズを向上させるドライバーである活動を特定し，測定する。最終的にインタンジブルズと活動をモニタリングすることで戦略目標にフィードバックするモデルとなっている。

　このモデルは，インタンジブルズから，インタンジブルズを向上させるドライバーを特定する点に特徴がある。現時点で，所有するインタンジブルズを特定するだけでは，戦略目標を達成することができない。ドライバーを活動として特定することで，戦略目標とそれを達成する活動を結びつけること

図表2.8　インタンジブルズ・マネジメントの全体モデル

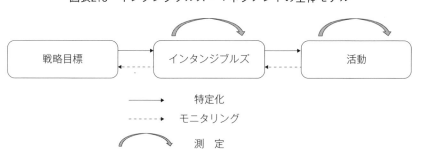

出典：MERITUM（2002, p. 14）.

ができる。

　以上のように，戦略目標から活動を落とし込むことで，戦略実行が可能になるという点でマネジメントに有効である。しかし，図表2.8より，インタンジブルズから戦略目標へモニタリングする形でフィードバックされるが，戦略へのフィードバックがないため戦略の修正は行われない。もし，当初予定していた戦略目標が間違っていたり，環境変化によって現状を反映しない目標になってしまったりした場合，インタンジブルズと活動のモニタリングの結果を戦略目標にフィードバックしなければ，インタンジブルズ投資は失敗に終わる可能性がある。

2.4.3　デンマーク知的資本報告書

　デンマークは，各企業が有する知的資産を定性的かつ定量的に評価するため，2000年に世界に先駆けて知的資本報告書の開示についてのデンマーク財務諸法（The Danish Financial Act）を制定した。この法律により，インタンジブルズ情報開示のガイドラインの必要性の高まり，デンマーク知的資本報告書が構築された（西原，2015）。本項では，デンマーク知的資本報告書をコミュニケーションと戦略管理の視点から検討する。

(1)　デンマーク知的資本報告書によるコミュニケーション

　デンマーク知的資本報告書は，企業の価値観や労働形態，インタンジブルズをステークホルダーに伝えるコミュニケーション機能がある。図表2.9は，デンマーク知的資本報告書のモデルである。

　ナレッジ・ナラティブは，顧客に提供する製品・サービスがいかにして価値を創造するか，価値創造のために経営者がなにをすべきかを記述する。ここで重要なことは，経営活動と提供される価値とを一貫性をもって結びつけることである。

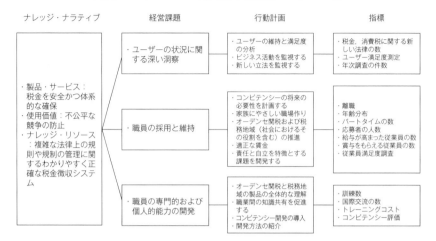

図表2.9　デンマーク知的資本報告書のモデル一例

ナレッジ・ナラティブ	経営課題	行動計画	指標
・製品・サービス：税金を安全かつ体系的な確保 ・使用価値：不公平な競争の防止 ・ナレッジ・リソース：複雑な法律上の規則や規制の管理に関するわかりやすく正確な税金徴収システム	・ユーザーの状況に関する深い洞察	・ユーザーの維持と満足度の分析 ・ビジネス活動を監視する ・新しい立法を監視する	・税金，消費税に関する新しい法律の数 ・ユーザー満足度測定 ・年次調査の件数
	・職員の採用と維持	・コンピテンシーの将来の必要性を計画する ・家族にやさしい職場作り ・オーデンセ関税および税務地域（社会におけるその役割を含む）の推進 ・適正な賃金 ・責任と自立を特徴とする課題を開発する	・離職 ・年齢分布 ・パートタイムの数 ・応募者の人数 ・給与が高まった従業員の数 ・賞与をもらえる従業員の数 ・従業員満足度調査
	・職員の専門的および個人的能力の開発	・オーデンセ関税と税務地域の製品の全体的理解 ・職業間の知識共有を促進する ・コンピテンシー開発の導入 ・開発方法の紹介	・訓練数 ・国際交流の数 ・トレーニングコスト ・コンピテンシー評価

出典：Danish Agency for Trade and Industry（2003, p. 13）の8つある経営課題のうち3つを掲載。

　ナレッジ・ナラティブを受けて，企業がすべき行動を記述するのが経営課題である。経営課題では，一貫した価値創造を実現するために，構築が必要なインタンジブルズが示される。行動計画では，インタンジブルズをどのように構築するかといった，具体的な行動計画が記述される。最後に，具体的な行動計画を評価する指標を通じて，インタンジブルズが測定，管理される。

　デンマーク知的資本報告書のモデルの出発点は，ナレッジ・ナラティブであり，顧客に提供する製品・サービスの価値に関心が向けられている。Danish Agency for Trade and Industry（2003）では，価値創造のために，人的資産の重要性を述べている。このことから，コミュニケーションの成果として，すべてのステークホルダー，特に新規従業員の採用や新規顧客の獲得に役立つ（Mouritsen *et al.*, 2002, p. 183）ことがあげられる。要するに，ナレッジ・ナラティブはステークホルダーとのコミュニケーションとして有用である。

　以上のように，デンマーク知的資本報告書は，ナレッジ・ナラティブを達成するために，経営課題，行動計画に落とし込むことで，インタンジブルズをどのように構築するのかといった情報をステークホルダーに提供する。

(2)　デンマーク知的資本報告書による戦略管理

　デンマーク知的資本報告書は，企業内部のマネジメントにも有用である（Mouritsen *et al.*, 2002, p. 183）。デンマーク知的資本報告書のモデルは，行動計画，指標まで落とし込むモデルである。報告書作成にあたって，ナレッジ・ナラティブから必要なインタンジブルズを特定し，インタンジブルズを構築する行動計画が導かれ，戦略の進捗度を測定する指標が明確になる。

　さらに，Danish Agency for Trade and Industry（2003）では，価値創造とインタンジブルズに一貫性をもたせるために，図表2.10の分析モデルを明らかにしている。

　資源では，どのようなインタンジブルズを創造するかを示す。活動では，インタンジブルズを獲得するための従業員教育や技術への投資といった活動を示す。効果では，資源と活動の結果の効果が示される。活動を媒介とすることで，行動計画の重要性とその管理の必要性を内部に強調することができる。

図表2.10　デンマーク知的資本報告書の分析モデル

評価基準 / インタンジブルズ	効果 どのような効果があるか	活動 何をするか	資源 何を創造するか
従業員			
顧客			
プロセス			
技術			

出典：Danish Agency for Trade and Industry（2003, p. 7）.

デンマーク知的資本報告書は，経営課題を特定し，そのための行動計画と指標を明確にすることで，戦略実行と戦略の進捗管理に役立つ。しかし，戦略がどのように策定されるのか，進捗管理の結果をフィードバックして戦略をどのように修正するかについては言及されていない。

2.4.4　知的資産経営の開示ガイドライン

　わが国では，知的財産立国を目指して，国際競争力を強化するために，2002年に「知的財産戦略大綱」が公表された。これを受けて，2005年には，いかにインタンジブルズを認識し公表するかを示した知的資産経営の開示ガイドラインが公表された。知的資産経営の開示ガイドラインは，企業と全てのステークホルダーのインタンジブルズに関する情報ニーズをマッチさせることにある。本項では，知的資産経営の開示ガイドラインをコミュニケーションと戦略管理の視点から検討する。

（1）　知的資産経営の開示ガイドラインによるコミュニケーション
　わが国の経済産業省は，企業価値やその源泉であるインタンジブルズに関する情報に関して，企業が公表する情報とステークホルダーのニーズが適合していない（経済産業省，2005）という課題を認識していた。知的資産経営の開示ガイドラインは，両者のニーズを適合させ，ステークホルダーからの幅広い理解を得ることを目的としている。
　両者のニーズを適合させることで，ステークホルダーからの適切な評価を得られる。また，情報開示にあたって，企業が将来に向けてどのような活動で企業価値を創造していくのかというストーリーとして記述することも特徴の一つである。このストーリーを中心に，企業全般，過去から現在，現在から将来の3つに分けて記述される。
　企業全般は，経営者のビジョンや基本方針・目標を記述する。戦略的な内

容よりもミッションや経営哲学といった企業の存在価値を説明することに重きが置かれている。過去から現在では，企業に蓄積されたインタンジブルズおよびそれによって創造された経済価値が記載され，目標が達成されていない場合にはその説明が求められる。現在から将来では，今後重要となるインタンジブルズおよびそれを用いた価値創造について記述する。

　知的資産経営の開示ガイドラインは，ステークホルダーにとってみれば，過去，現在，将来の企業活動および実績が一貫したストーリーをもって，インタンジブルズと企業価値についてステークホルダーとコミュニケーションをとることができる。楠木（2010, pp. 185-186）は，過去，現在，将来という時間軸の異なる個々の要素について，意思決定しアクションをとるだけでなく，これらの要素間の因果関係をもった一貫したストーリーが重要であると指摘する。こうしたストーリーは，ステークホルダーとのコミュニケーションの結果，企業価値が向上し，さらにインタンジブルズの構築・活用が促進されるという好循環を生む（経済産業省，2005）。

　以上を整理すれば，知的資産経営の開示ガイドラインは，企業が将来に向けてどのような活動で企業価値を創造していくのかというストーリーをステークホルダーに伝えることができる。

(2)　知的資産経営の開示ガイドラインによるマネジメント

　知的資産経営の開示ガイドラインは，開示自体よりも，作成に当たって自らの強みや弱みを再認識し，それらを最大限活用できる経営のあり方を改めて捉えなおし，改革することが重要である（経済産業省，2005, p. 16）。そのために，過去，現在，未来のインタンジブルズを指標化して目標値，そのマネジメント方法等を示すことが推奨されている。

　知的資産経営の開示ガイドラインでは，このストーリーに一貫性をもたせるために，7つのインタンジブルズ指標[2]をあげている。着目すべきは，知的財産に限定せず，インタンジブルズを広範に捉えている点である。また，

ガイドラインの中で，知的資産経営報告書を作成する第一歩として SWOT 分析を取りあげている。この SWOT 分析で，企業および事業の強みと弱みを認識し，これを裏づけるインタンジブルズ指標を測定することを推奨している。戦略に基づくインタンジブルズを指標で管理することによって，戦略を実行することができる。しかし，戦略実行の基礎となる戦略策定，戦略を実行した結果をフィードバックし修正するといった戦略修正については言及されていない。

2.5 インタンジブルズ情報によるコミュニケーションの課題

第 2 節から第 4 節で検討してきたように，インタンジブルズ情報によるコミュニケーションに関する研究およびガイドラインでは，コミュニケーションに限定した Blair and Wallman（2001），GRI の G4 を取りあげてきた。また，コミュニケーションだけでなくマネジメントにも拡張した Lev（2001），スカンディア・ナビゲーター，MERITUM ガイドライン，デンマーク知的資本報告書，知的資産経営の開示ガイドラインを取りあげた。さらに，これらの研究およびガイドラインは，コミュニケーション対象者を資金拠出者とするかすべてのステークホルダーとするか，また，戦略管理，とりわけ戦略修正の有無についても検討してきた（図表2.11参照）。

ここで，これらの研究およびガイドラインの残された課題を 2 点述べる。第 1 に，戦略策定への情報利用の欠如である。たとえば，Lev（2001）は，資金拠出者がインタンジブルズに対する理解を深めることで，投資リスクを

---

2)　7つの指標とは，①組織資産に関わる経営スタンス／リーダーシップ，②チームワーク／組織知，③構造資産に関わる選択と集中，④関係性資産に関わる対外交渉力／リレーションシップ，⑤革新資産に関わる知識の創造／イノベーション／スピード，⑥環境資産や社会関係資産に関わるリスク管理／ガバナンス，⑦社会との共生である。

図表2.11　インタンジブルズ情報によるコミュニケーションの研究

	目的	コミュニケーション対象	情報開示のタイプ	開示の特徴	戦略修正の有無
Blair and wallman (2001)	オンバランス化	投資家	アウトサイドイン・アプローチ	測定困難性から3つに分類	×
GRI G4	自社および他社比較	全てのステークホルダー（主として，社会や環境に関する者）	アウトサイドイン・アプローチ	CSRに関する財務・非財務情報	×
Lev (2001)	インタンジブルズ（特にイノベーション）とその成果の開示	投資家	インサイドアウト・アプローチ	発見および学習，実行，商業化の3段階	×（業務計画の策定・実行）
スカンディア・ナビゲーター	インタンジブルズと財務成果の結びつけ	全てのステークホルダー（主として，顧客と従業員）	インサイドアウト・アプローチ	顧客，プロセス，人的，革新と開発の4つの視点（財務指標中心）	×（業務計画の策定・実行）
MERITUM	インタンジブルズの認識・測定・管理	全てのステークホルダー（企業の主たる活動に関わる者）	インサイドアウト・アプローチ	インタンジブルズとインタンジブルズを構築するための活動および指標	×（戦略実行と業務管理）
デンマーク知的資本報告書	情報ニーズの充足	全てのステークホルダー（主として，投資家，従業員，顧客）	インサイドアウト・アプローチ	インタンジブルズに関する経営課題，行動計画，指標	×（戦略実行と業務管理）
知的資産経営の開示ガイドライン	情報ニーズの充足と知的資産経営の推進	全てのステークホルダー（企業の主たる活動に関わる者）	インサイドアウト・アプローチ	過去，現在，将来と一貫性のある開示	×（戦略実行と業務管理）

出典：筆者作成。

軽減させ，投資を促進することを提案した。デンマーク知的資本報告書は，コミュニケーションの成果として，従業員の獲得維持につながることがわかる。しかし，これらの議論は情報開示に焦点が当てられており，管理会計にとって重要なことはステークホルダー・エンゲージメントを通じた企業側の

戦略策定への情報利用である（伊藤・西原，2016）。本章で検討した一連の研究は，ステークホルダーからフィードバックされた情報を戦略策定へ利用するかについては，明らかにされていない。

　第2に，戦略修正の欠如である。インタンジブルズは戦略と結びついて企業価値を創造する（Kaplan and Norton, 2004, p. 29）。Lev（2001），スカンディア・ナビゲーターで開示されるインタンジブルズは，戦略との結びつきを考慮していない。一方で，MERITUM ガイドライン，デンマーク知的資本報告書，知的資産経営の開示ガイドラインは，戦略から企業が構築すべきインタンジブルズを認識し，それを達成する実行する活動を記述する。インタンジブルズと戦略とを結びつけた戦略実行という点で優れている。しかし，戦略修正までは求められていない。競争環境の激しい今日では，戦略の実行結果をモニタリングし，戦略を環境に合わせて適宜修正することが求められる。

まとめ

　本章では，インタンジブルズ情報の開示によるコミュニケーションに関する研究を整理し，検討を行った。その結果，コミュニケーションだけでなくマネジメントについても志向する研究があった（Lev, 2001；スカンディア・ナビゲーター，MERITUM ガイドライン，デンマーク知的資本報告書，知的資産経営の開示ガイドライン）。また，コミュニケーション対象を資金拠出者とするか全てのステークホルダーにするかという違いがあることがわかった。最後に，2つの課題が明らかになった。

　第1の課題は，戦略策定への情報利用の欠如である。本章で検討した先行研究は，情報開示に焦点が当てられており，ステークホルダー・エンゲージメントを通じた企業側の戦略策定への情報利用（伊藤・西原，2016）につい

て明らかにされていなかった。情報を受けたステークホルダーの行動をどのように戦略策定へ利用するのかを明らかにする必要がある。

　第2の課題は，戦略修正の欠如である。戦略から構築すべきインタンジブルズを認識し，活動に落とし込む研究はあった（MERITUM ガイドライン，デンマーク知的資本報告書，知的資産経営の開示ガイドライン）。しかし，戦略修正については，明らかにされていなかった。激しい競争環境下においては，戦略実行だけでなく，いかにして戦略修正を行うのかを明らかにする必要がある。

第3章

インタンジブルズ・マネジメントにおける戦略管理の役割

はじめに

　第2章では，インタンジブルズの情報開示によるコミュニケーションについて議論してきた。検討の結果，インタンジブルズの情報開示は，ステークホルダーとの情報ギャップを埋めてコミュニケーションを図ろうとするものだけでなく，報告書の作成過程が戦略と業務の管理に利用できるという研究およびガイドラインがあることが明らかになった。本章では，図表3.1の実線で示したインタンジブルズ・マネジメントにおける戦略管理の役割に焦点を当てる。

　戦略は，策定だけでなく実行しなければ絵に描いた餅になってしまう。Kaplan and Norton（2001，p. 1）によれば，戦略の失敗の真の問題は，戦略そのものの間違いではなく，うまく実行できなかったことにあるという。戦略をうまく実行するためには，戦略を適切に管理しなければならない。

　戦略実行にあたり，競争環境の激しい市場においては，環境変化によって

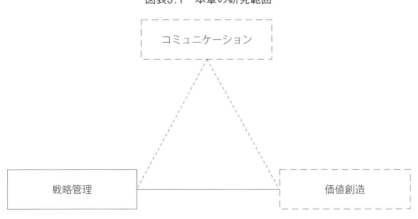

図表3.1　本章の研究範囲

出典：筆者作成。

戦略の前提が崩れることがある。このような場合には，適宜，環境変化に応じて戦略を修正したり，新たに戦略を策定したりする必要がある。また，意図された戦略を実行する過程で，現場から戦略が創発される場合がある。

　本章の目的は，戦略管理と価値創造をいかに結びつけるかを明らかにすることである。第1節では，戦略策定と戦略管理に関する先行研究から戦略管理とはなにかを明らかにする。第2節では，戦略管理とインタンジブルズを結びつけた先行研究を整理する。第3節では，リサーチサイトの概要と戦略管理について述べる。第4節では，事例の考察を行う。最後に本章の発見事項を述べる。

　なお，本章は，日本商学研究学会発行『商学研究』，Vol. 12に投稿した「インタンジブルズ・マネジメントにおける戦略管理の役割」を加筆修正したものである。掲載にあたっては，日本商学研究学会の了承を得ている。

3.1　戦略策定から戦略管理へ

　本節では，戦略管理とは何かを明らかにする。戦略論の分野では，戦略策定に関する研究が，多く蓄積されてきた。そこで，戦略論の分野で戦略策定がどのように捉えられてきたかを整理する。次に，戦略管理とは何かを明示したうえで戦略管理の重要性について述べる。

3.1.1　戦略策定

　経営戦略論の生成期における代表的な研究にChandler（1962）やAnsoff（1965）などがあげられる。Ansoff（1965, p. 104）は，戦略を組織の発展プロセスを導く新しい意思決定ルールとガイドラインであると定義している。そして，製品市場戦略を策定するために，縦軸をニーズ，横軸を製品とする

市場浸透，製品開発，市場開拓，多角化からなる4つのマトリックスを提示した。市場浸透，製品開発，市場開拓を拡大化戦略，多角化を多角化戦略とし，これらを企業の進むべき方向を成長ベクトルと呼んだ。

　Andrews（1987）は，SWOT分析を提案した。Andrews（1987）の考えは，戦略策定を内部の強みと弱み，外部の機会と脅威を分析し適合させるプロセスとして捉えている。図表3.2は，SWOT分析の考えを体系化したものである。図表3.2は，左の環境条件と環境トレンドに基づく機会と特有の能力つまり自社資源を分析・評価を行い戦略策定が行われる。そして，策定された戦略を評価・選択し実行する。

　図表3.2の左の環境条件と環境トレンドに着目したPorter（1985）は，企

図表3.2　SWOT分析

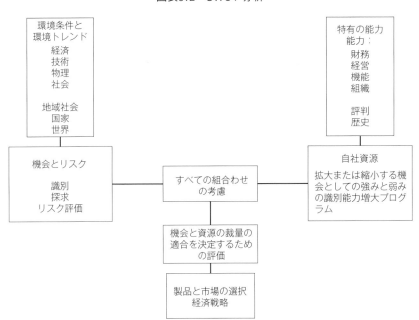

出典：Andrews（1987，p.50）.

業の収益性は，外部の競争要因と企業のポジションからなるとし，ポジショニング戦略を提唱した。Porter（1985）は，外部の競争要因として，競合他社，買い手，供給業者，新規参入者，代替品の5つをあげている。この，5つの競争要因を分析し，戦略策定することを提案した。

　環境条件と環境トレンドに着目した Porter（1985）に対して，Prahalad and Hamel（1990）や Barney（2002）は，図表3.2の右の特有の能力，つまり企業の内部資源や組織能力に着目した。Prahalad and Hamel（1990）は，コア・コンピタンスの重要性を主張した。コア・コンピタンスとは，顧客に対して，他社にはまねのできない自社ならではの価値を提供する，企業の中核的な力である（Prahalad and Hamel, 1990, p. 10）。コア・コンピタンスの概念をより拡張したものに，リソース・ベースト・ビュー（resource based view : RBV）がある。RBV の代表的な研究者である Barney（2002）は，持続的な競争優位のためには，価値（Value），希少性（Rarity），模倣困難性（Imitability），組織（Organization）を問う VRIO フレームワークで，インタンジブルズを分析することを提唱した。

　Mintzberg et al.（1998, p. 33）は，戦略策定と実行が分断されることにより，学習が促進されないことをあげている。環境条件と環境トレンドと特有の能力の分析は，あくまでも戦略は策定するものであり，学習を通じた戦略の修正が行われない。また，戦略のコンセプト構想は，戦略を策定したら，戦略は誰か他の人が実行するものと思ってしまうと戦略は実現できなくなる可能性がある（Mintzberg et al., 1998, pp. 36-37）。

3.1.2　戦略管理

　従来，管理会計では，戦略を所与のものとして議論されてきた。たとえば，Anthony（1965）は，マネジメント・システムを戦略的計画，マネジメント・コントロール，オペレーショナル・コントロールに分類している。戦略的

計画の典型的なものとしては，設備投資計画があげられる。戦略的計画は，戦略を所与とし，ミドル以下の階層は，戦略策定に関与しないという特徴がある。現在に比べて，競争環境が激しくなかった1960年代では，伝統的なマネジメントコントロール・システムが機能していた。

　しかし，競争環境が激しくなると戦略を当初策定したとおりに実行できなくなる可能性がある。そこで，Mintzberg *et al.*（1998，pp. 12-13）は，創発戦略があることを明らかにした（図表3.3参照）。

　Mintzberg *et al.*（1998）の中では，創発戦略に焦点が当てられているが，戦略実現のためには，熟考された戦略も重要である。企業環境の変化が穏やかな場合には，意図した戦略は実現される。しかし，競争環境が激しい場合，戦略を実行していく過程で，戦略を修正し環境に適合させる必要がある。このような戦略修正について，Kaplan and Norton（2001，pp. 274-276）は，Argyris and Schön（1978）のダブルループ学習を援用して，戦略を所与のものとせず修正まで行う重要性を指摘している。

図表3.3　意図された戦略と創発戦略

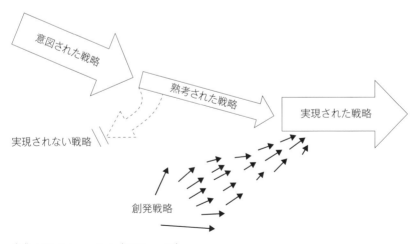

出典：Mintzberg *et al.*（1998，p. 12）.

通常，戦略を策定し実行するには，戦略が予算に落とし込まれ，シングルループ学習が行われる。シングルループ学習の代表的なものは予算管理であり，業務活動の予算を編成し，業務活動の結果をチェックし，予算修正を行うといった予算の PDCA を回すことである。シングルループ学習は，戦略を所与のものとしているので，戦略を進捗や成否を管理することはできない。競争環境の変化が激しい昨今において，当初策定した戦略が競争環境に適合しなくなることがある。常に変化する環境に対応し戦略を実行するためには，戦略管理が必要となる。戦略管理とは，戦略を策定（plan）し，実行（do）し，結果をモニター（check）し，戦略修正（action）する戦略の PDCA を回すことである。

　Kaplan and Norton（2001, p. 245）は，ダブルループ学習にバランスト・スコアカード（balanced scorecard：BSC）を組み込んだ戦略管理を提案している（図表3.4参照）。このダブルループ学習では，戦略を BSC に落とし，業務管理ループと戦略管理ループをつなげ，戦略管理が行われる。つまり，BSC を通して戦略を実行し，戦略をチェックし，戦略の修正が実施される。

　以上のように，戦略を所与とすると学習が生まれない（Mintzberg *et al.*, 1998, p. 33）が，環境変化に合わせて戦略を修正することで，戦略を実現することができる。特に，管理会計では，Anthony（1965）に代表される伝統的なマネジメント・コントロールが戦略を所与としていたのに対して，Kaplan and Norton（2001）のダブルループ学習でみられるように，戦略の修正も行う戦略管理へと変化している。

3.2　BSC に基づく戦略管理

　本節では，BSC に基づく戦略管理に関する先行研究をレビューする。BSC による戦略の策定と実行，インタンジブルズの構築を明らかにした Ka-

図表3.4　ダブルループ学習

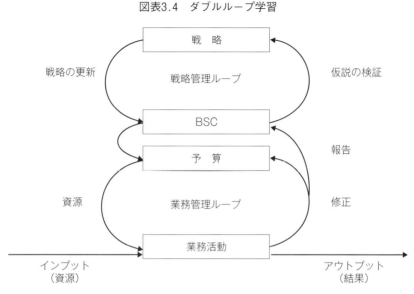

出典：Kaplan and Norton（2001, p. 245）.

plan and Norton（2004）と戦略修正のための検証の重要性を明らかにした代表的研究である Ittner and Larcker（2005）をレビューする。最後に，戦略の PDCA サイクルを提案した伊藤（2014）の統合型マネジメント・システムをレビューする。

3.2.1　戦略管理とインタンジブルズ

　BSC は，戦略の策定と実行のマネジメント・システムである（櫻井，2008）。BSC とは，戦略を可視化する戦略マップと戦略の進捗度を測定し管理するスコアカードからなる。まず，戦略マップの概念図を示し，戦略マップを俯瞰的に説明する。次に，サウスウエスト航空の BSC を用いて，戦略マップとスコアカードの関係性について説明する。

図表3.5　戦略マップ

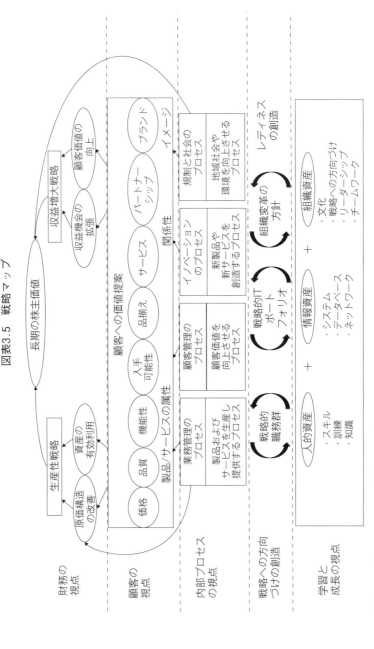

出典：Kaplan and Norton（2004. p. 51）.

86

　図表3.5は，戦略マップのテンプレートである。戦略マップは，戦略を可視化しインタンジブルズがどのように企業価値を創造するのかを明示するためのフレームワークである（Kaplan and Norton, 2004, p. 60）。

　戦略マップは，財務の視点，顧客の視点，内部ビジネス・プロセスの視点，学習と成長の視点という４つの視点で戦略目標を記述する。そして，戦略を達成するための戦略目標が各視点に記述され矢印の因果関係で結ばれる。戦略マップを構築するにあたっては，重要な戦略目標を４つの視点にバランスよく設定する必要がある。特に重要なのは，戦略テーマとインタンジブルズの考慮である。この点について検討する。

　第1の，戦略テーマには，卓越した業務，顧客関係性重視，製品リーダーシップ，規制と社会の４タイプであり，バランスのとれた戦略テーマを設定する必要がある（Kaplan and Norton, 2004, p. 80）。

　卓越した業務は，業務管理プロセスを改善し，原価低減，納期短縮や品質向上に焦点を当てる。顧客関係性重視は，顧客の獲得・維持といった顧客との関係性に焦点を当てる。製品リーダーシップは，新製品開発や技術連携によって，最先端企業を目指すことに焦点を当てる。規制と社会は，訴訟を避けたり，地域社会からのイメージを高めることに焦点を当てる。

　第2に，学習と成長の視点でどのようなインタンジブルズを記述するかである。学習と成長の視点の視点は，持続可能な価値創造の究極の源泉であるインタンジブルズ（Kaplan and Norton, 2004, p. 245）の役割を示す。したがって，企業が所有するすべてのインタンジブルズを記述するのではなく，戦略にとって必要なインタンジブルズを記述する。第１章で述べたようにKaplan and Norton（2004）は，インタンジブルズを人的資産，情報資産，組織資産の３つに分類している。人的資産は，戦略を支援するのに必要なスキル，能力，ノウハウの利用可能性のことである（Kaplan and Norton, 2004, p. 83）。情報資産は，戦略を支援するのに必要な情報システム，ネットワークおよびインフラの利用可能性のことである（同, p. 83）。組織資本

88

図3.6　バランスト・スコアカード

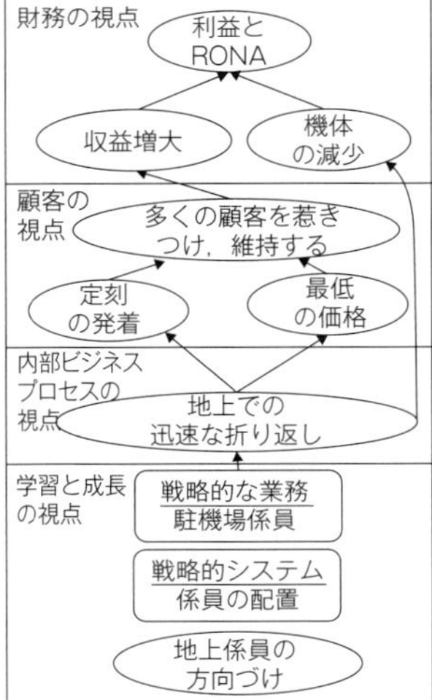

プロセス：業務管理
戦略テーマ：地上での折り返し

	戦略マップ	戦略目標	尺度	目標値 ※	実施項目	予算
財務の視点	利益とRONA／収益増大／機体の減少	・収益性 ・収益増大 ・機体の削減	・市場価値 ・座席の収益 ・機体のリース費用	・毎年30%増 ・毎年20%増 ・毎年5%増		
顧客の視点	多くの顧客を惹きつけ、維持する／最低の価格／定刻の発着	・多くの顧客を惹きつけ、維持する ・最低の価格	・リピート顧客数 ・顧客数 ・FAA定刻到着 ・顧客のランキング	・70% ・毎年12%増 ・第1位 ・第1位	・CRMシステム実施 ・品質管理 ・顧客ロイヤルティ・プログラム	・$XXX ・$XXX ・$XXX
内部ビジネスプロセスの視点	地上での迅速な折り返し	・地上での迅速な折り返し	・地上滞在時間 ・定刻出発	・30分 ・90%	・サイクルタイムの最大活用	・$XXX
学習と成長の視点	戦略的な業務・駐機場係員／戦略的のシステム／地上係員の配置	・必要なスキルの開発 ・支援システムの開発 ・地上係員の戦略への方向づけ	・戦略業務のレディネス ・情報システムの利用可能性 ・戦略意識 ・地上係員の持株者数割合	・1年目70% 　2年目90% 　3年目100% ・100% ・100% ・100%	・地上係員の訓練 ・係員配置システムの始動 ・コミュニケーションプログラム ・従業員持株制度	・$XXX ・$XXX ・$XXX ・$XXX
					予算総額	・$XXX

※戦略的実施項目

出典：Kaplan and Norton（2004. p. 53). ※原文は Balanced Scorecard。

は，戦略を実行するのに必要な変革のプロセスを活用し維持する企業の能力のことである（同，p.83）。

　次に，戦略マップとスコアカードの関係性を説明する。まず，戦略テーマにしたがって戦略目標を設定し，戦略目標を因果関係で示した戦略マップを構築する。そして，戦略目標を基にしてスコアカードを構築する。スコアカードは，戦略の進捗度を測るために，戦略目標を指標化した尺度とその目標値を記述するものである。さらに，目標値と現状値のギャップを埋める戦略的実施項目を設定する。実施項目に予算を割り当てなければ日常的なアクションプランしか実施できない。予算を割り当てることで，戦略的に重要な実施項目を実行できる。

　ここで，サウスウエスト航空のケースを用いて戦略マップとスコアカードの関係を具体的に説明する（図表3.6参照）。サウスウエスト航空は，LCC（Low Cost Carrier）であり，地上での迅速な折り返しによって，便数を増やしたり，無駄な機体を削減したりすることで，顧客に低価格なサービスの提供を目指していた。そのために，戦略テーマを卓越した業務に設定した。サウスウエスト航空は，迅速な折り返し運航のために，インタンジブルズである戦略的な業務を行う従業員の必要なスキル開発を戦略目標とした。そして，スコアカードでは，この戦略目標を戦略業務のレディネスで測定し，1年目70%，2年目90%，3年目100%という目標値が設定された。この目標値を達成するための実施項目として，地上係員の訓練とその予算を割りつけた。

　以上のように，BSCは，戦略という抽象的な概念を戦略目標，尺度，目標値と実績値，アクションプランという具体的な方策まで落とし込むことができる。

3.2.2　レディネス評価

　BSCを構築することで，戦略上重要なインタンジブルズが識別されるが，

図表3.7 グレイ・シラキューズ社の人的資産の構築

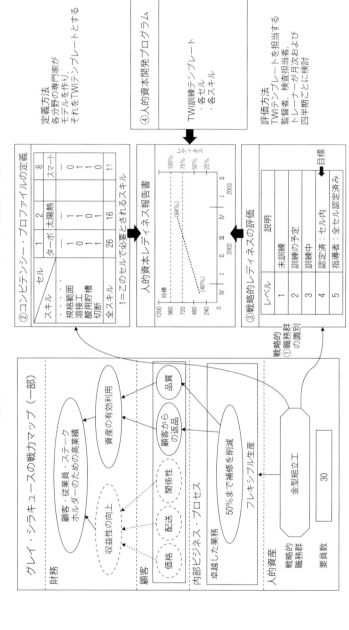

出典：Kaplan and Norton（2004, p. 238）.

90

「測定しなければ管理できない」と言われるように，いかにして測定するかが問題となる。Kaplan and Norton（2004）は，グレイ・シラキュース社の事例をもとに，インタンジブルズを測定するためにレディネス評価を提案した。レディネスとは，現状でインタンジブルズがどの程度構築されているかという準備度合いのことである。図表3.7は，グレイ・シラキュース社の人的資産構築の例である。

　グレイ・シラキュース社では，不良品率が高いという問題があった。この問題を解決するために，補修を50％削減するという戦略目標が設定された。

　第1段階では，戦略的職務群（strategic job families）が識別された。その結果，金型組立工のスキルは初心者レベルであることが原因として明らかになった。金型組立工は，まったく訓練を受けないまま業務にあたっていたのである。第2段階では，コンピテンシー・プロファイルの定義が行われた。コンピテンシー・プロファイルとは，業務に必要なスキルと各セルのマトリックス図である。第3段階では，戦略的レディネスの評価が行われた。ここでは，未訓練の1点から指導者レベルの5点までスキルを得点化した。この得点に基づいて目標値と実績値を明らかにする。グレイ・シラキュース社では，実績値400点（40％），目標値810点（84％）と設定した。第4段階は，実績値と目標値のギャップを埋めるための人的資産開発プログラムの実施である。グレイ・シラキュース社では，TWI（Training Within Industry:監督者訓練）と呼ばれる企業内訓練のテンプレートにしたがいプログラムが実施された。一連の活動によって，従業員はスキルを身につけ，補修を76％まで削減することができた。

　戦略実行に重要なインタンジブルズは，レディネスで測定することができる。また，目標値を設定することでインタンジブルズ構築に寄与することがわかった。要するに戦略実行のためにはインタンジブルズと戦略とを結びつける必要がある。

3.2.3　戦略修正のための検証

　戦略修正するには，実行した結果を検証する必要がある。戦略の仮説を検
証した研究に Ittner and Larcker（2005）がある。彼らは，Kaplan and
Norton の一連の研究に基づいて，特に非財務指標の因果関係の検証に取り
組んだ。そして，戦略に関わる財務指標，非財務指標を戦略的データと呼ん
だ。この戦略的データを用いて，多元的な視点から評価し，現状と目標に
ギャップがあればアクションをとることを明らかにした。Ittner and Larck-
er（2005）によれば，多くの企業は多元的な指標を戦略と結びつけて管理し
ようとしている。しかし，指標の選択を経営者の直感に頼ったり，指標間の
因果関係が不明確なまま管理していることが多い。

　図表3.8は，戦略的データの分析プロセスである。まず，戦略を実行した

図表3.8　戦略的データの分析プロセス

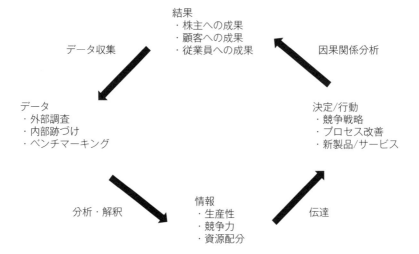

出典：Ittner and Larcker（2005, p. 88).

結果，生まれた成果のデータが収集される。そして，データを分析・解釈した情報が組織に伝達される。最後に，情報と成果の因果関係分析を行い，戦略を検証する。

　彼らは戦略的データの分析の必要性を明らかにするために，60社以上に及ぶ大規模なフィールド調査を行った。調査の結果，戦略前提としてのコミュニケーションの促進，バリュー・ドライバーの識別と改善，資源配分と目標設定の改善という3つの便益があることを明らかにした。Ittner and Larcker（2005）が明らかにした資源配分と目標設定の改善のケースを紹介する。

　対象となったコンピュータ製造企業では，顧客満足度を高めると既存顧客は潜在顧客に対して自社製品を推薦するようになり，結果として業績が向上すると考えていた。そこで，顧客満足度を5点満点にするという業績目標が設定されていた。分析の結果，顧客満足度が高くても，潜在顧客の推薦につながらないことが明らかになった。むしろ，1点や2点といった顧客満足度の低い顧客が潜在顧客に対して購入を避けさせるように忠告し，結果として業績に負の影響を及ぼすことがわかった。つまり，顧客満足度を高めるのではなく顧客不満足度をなくすことに目標を修正する必要があることがわかった。

　以上のように，戦略実行の結果を検証し戦略修正を行うべきであるというのがIttner and Larcker（2005）の主張である。また，戦略の検証にあたっては，財務指標と非財務指標を合わせた多元的な指標を用いて測定・分析を行うことの重要性についても指摘している。要するに，戦略策定（plan），戦略実行（do），戦略検証（check），戦略修正（action）という戦略のPDCAを回す戦略管理の中で，インタンジブルズをマネジメントする必要がある。

3.3 ケース・スタディ：半導体関連機器メーカー A 社

本節では，先行研究に基づいて，インタンジブルズ・マネジメントによる
戦略管理を明らかにするために，A 社のケースを取りあげる。同社は，全
社戦略と事業戦略が明確なこと，戦略に関わるインタンジブルズの重点課題
を設定し，マネジメントしていることから本章の目的に適したリサーチサイ
トである。

まず，リサーチサイトである同社の概要についてまとめる。次に，インタ
ビュー調査の結果に基づいて，同社の戦略と構築したインタンジブルズにつ
いて述べる。なお，調査は事前に質問票を送付し，半構造化インタビューを
行った。インタビュイーは，A 社取締役事業部長である。インタビュー調
査は，2017年 4 月21日15時00分から16時30分の90分間，2017年 9 月 1 日14時
15分から15時45分の90分間の計180分間行った。

3.3.1 リサーチサイトの概要

A 社は，製造業界に属する東証一部上場企業である。創業当初は，半導
体真空管を製造していた。その後，半導体の普及に伴って，現在では半導体
検査用ソケット・コネクタ，フレキシブルプリント配線板，光通信機器の設
計，製造から販売を行っている。平成28年度の売上高は265億円，経常利益
は25億円，従業員数472人である。同社は，アジア，アメリカ，ヨーロッパ
に関連会社を有するグローバル企業である。

同社の組織図は，半導体検査工程で用いられる検査用ソケットを扱うテス
トソリューション事業部（TS 事業部），民生機器や産業機器のコネクタを
扱うコネクタソリューション事業部（CS 事業部），コネクタソリューショ
ン事業部に属するフレキシブルプリント配線板を扱うコネクタ事業部（CN

図表3.9　A社の組織図

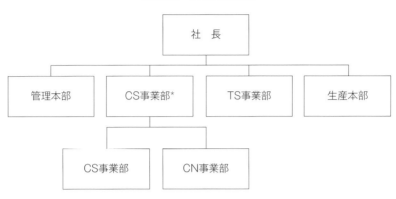

＊　CS事業部の中にCS事業部とCN事業部がある。
出典：筆者作成。

事業部）の3つの事業部を有している（図表3.9参照）。3つの事業部の他には，管理本部と生産本部という機能本部がある。

　本調査対象は，同社のTS事業部である。TS事業部の売上高は120億円，セグメント利益は19億円であり，全社利益の約75％を稼ぐ主力事業である。

　TS事業部の主力製品である半導体検査ソケットのマーケットシェアは約40％であり，世界のトップシェアである。この半導体検査ソケットは，半導体製造工程の最後の検査工程のバーンイン試験[1]で用いられる製品である（図表3.10参照）。

　一時期，半導体の価格が下落したことからバーンイン試験を行わない企業が増え，需要が下がり業績が悪化した。しかし，近年では，自動運転車や医療機器に半導体が搭載され，半導体検査ソケットの需要が伸びている。自動車の自動運転や医療機器に組み込まれる半導体が誤作動を起こしてしまえば，

---

1)　バーンイン試験とは，製品の信頼性保証のために，高温・高電圧の条件で製品を稼働させ不良品を取り除くための試験である。

図表3.10　半導体製造工程

| 拡散工程 | ➡ | ウエーハ検査工程 | ➡ | 組立工程 | ➡ | 検査工程 |

出典：筆者作成。

顧客や患者の生命を危険にさらすことになる。また，自動車などに組み込まれる半導体は自動車の性質上，厳しい環境化で稼働することになる。このため，半導体の信頼性や品質を保証するバーンイン工程は今後さらに重要性が高まると期待される。

3.3.2　リサーチサイトの戦略

A社のミッションは，「人・企業・社会・地球とのより良い結びつきを柔軟な技術力と発想力をもって意欲的に創造し，お客様の価値の貢献」である。同社は，BtoB企業であり，顧客ニーズの充足を第一に考えている。また，成長戦略として2つの戦略を掲げている。第1は，技術革新の激しい同社において，技術力の強化によって顧客満足度の向上を目指すという「技術の強化を図り，グローバルニッチトップ製品を創出する」である。第2は，主力製品へ資源を集中させるために，業務効率の改善や不採算事業の整理を目指すという「グローバル管理体制を強化し，モノづくりの効率化を図る」である。前者は顧客関係性重視，後者は卓越した業務という戦略テーマに置き換えることができる。企業戦略の2つの戦略テーマは，TS事業部，CS事業部，CN事業部，生産本部に落とし込まなければならない。

TS事業部の事業戦略は，「グローバル連携強化による顧客サービス向上」，「お客様ニーズに応えられる新技術開発による販売拡大」，「新市場・新規顧客開拓による販売拡大」である。TS事業部は，顧客ニーズを充足することが優先課題である。また，事業境界を明確にするために，やみくもに注文を受けるのではなく，戦略に適合したターゲット顧客との関係性を重視してい

る。

> （事業の特性上）うちはこうだといっても，こうやってと言われれば応えな
> ければいけない。
> 　お客様がどのような方向に向かっていくのかは調べればわかるので，お客
> 様と対話するところは戦略と一貫しています。狙っていないお客様と対話す
> ることは決してないです。
> 　※括弧内は，筆者加筆。以下同様。

　これらを戦略テーマに置き換えると顧客関係性重視と言えよう。これだけ
ではない。TS 事業部では，従来の延長線上の新製品開発によって，市場
シェアを守る一方で，これまで市場にない革新型新製品開発によって，市場
を創造する重要性も認識している。ここに，イノベーションの必要性を見出
すことができる。

> 　新規事業というところにつながってくるとすれば，どうしても従来の設計
> の延長線上で商品を作っていく傾向が強いです。そうすると新しいところに
> 違うようなものを持ってこられると一気に（それが）崩されてしまいます。
> クリステンセンのイノベーションのジレンマというところがあるので，いか
> に自分たちで自分たちが持っていた市場を崩せるようなもの開発していける
> かというのも非常に重要です。

　イノベーションのための製品リーダーシップという戦略テーマも求めてい
る。要するに，同社の戦略は，顧客関係性重視と卓越した業務という戦略
テーマからなる。ところが TS 事業部の戦略は，顧客関係性重視と製品リー
ダーシップという戦略テーマを想定している。

3.3.3 リサーチサイトのインタンジブルズと重点課題

インタビューからTS事業部では，新製品開発志向のエマージェント組織と呼ばれる組織文化，などのインタンジブルズが構築されていることがわかった。また，インタンジブルズ構築のための7つの重点課題が設定されていた。

まず，構築されているインタンジブルズのエマージェント組織について述べる。図表3.11はエマージェント組織を表したものである。

エマージェント組織とは，組織図上には表れない組織であり，迅速かつ従業員が自ら組織を形成することに特徴がある（梅田他，2018）。TS事業部は，顧客から受注があると従業員が自らその案件に詳しい人材を組織横断的

図表3.11　エマージェント組織

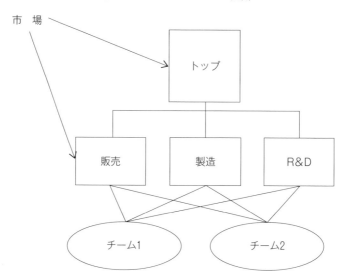

出典：梅田他（2018）。

に集め，チームを形成するという組織文化が醸成されていた。組織文化は，インタンジブルズである組織資産の一つであり，ミッション，ビジョンおよび中核的価値観を意識させ，内部に浸透させるものである。TS事業部のエマージェント組織は，A社の顧客ニーズの充足というミッションが浸透した結果といえる。

　また，エマージェント組織を支援するために，従業員に投資権限が大幅に委譲されていた。従業員に投資権限を委譲することで，投資に関わる会議や稟議を通す必要がなくなるので，顧客ニーズに迅速に対応することができる。

　　何かが起こったときに組織横断して集まって問題解決に取り組めるかは非常に重要ですね。誰かが，この人とこの人とこの人をセレクトして問題に対処しなさいということはありますけれど，そうじゃないときの方がほとんどなので，自分たちで集まるという文化がないと（うまくいきません）。この件はこの人とこの人がやるということですぐに動く組織になっていないと，誰かマネジメントが指示してからやるというのではスピードがとても間に合わないです。

　　ある程度設計が終わると金型の手配をします……通常のレベルで数千万の投資でしたら，ほとんどGOがかかっています。

　次に，TS事業部で設定されていた重点課題について述べる。TS事業部では，ブランドの構築，顧客ニーズの把握，リーダーシップ，パテントの構築，イノベーション，スキル，データベースの高度化の7つの重点課題が設定されていた。

（1）　ブランドの構築

　TS事業部では，ブランドが事業活動の根幹にあることを認識しており，ブランドの構築を重点課題としている。ブランドは，インタンジブルズであ

る。主力製品である半導体検査機器は，半導体に信頼性を付すために用いられる。特に，近年，TS 事業部の半導体検査機器は，人命に直結する半導体の検査に用いられており，安心・安全といった信頼性が重要である。

　　　自動車の安全をコントロールしたり，最近ですとそういった高機能のものがでてくるので，そういう中でブランドは非常に大切で，弊社のソケットを使えば大丈夫ということは非常にその後のビジネスに大きく影響します。

(2)　顧客ニーズの把握

　顧客満足度を高めるためには，顧客ニーズを把握することが必要である。TS 事業部は，設計段階から顧客と対話を行っている。頻繁な顧客との対話を通じて，顧客ニーズを設計段階から製品に反映させている。顧客と直接対話をすることもあれば，顧客によっては毎週テレビ会議を行い対話する場合もある。

　　　（顧客との対話は）インタラクティブです。お客さんのなかでは毎週のように電話会議をします。

(3)　リーダーシップによるアライメントの構築

　組織のアライメントを図るには，リーダーシップが重要となる。リーダーシップは，組織資産の要素である。TS 事業部長は，個々のプロジェクトについて，日常業務まで直接介入することはなく，エマージェント組織のリーダーに一任している。TS 事業部長は，組織のアライメントの難しさを認識していた。現状は，パテントが戦略と適合しているかでアライメントを図ろうとしていた。

　　　（目標として設定されたパテントは）パテントもただ出せばいいというもの

ではないので，我々が行きたい方向にあっているか。戦略としては目指す方向はこうと出しますから……ただ出せば良いという問題ではない。

(4)　パテントの取得

新製品開発型の TS 事業部にとって，パテントの取得は製品の権利を守るうえで重要である。

TS 事業は，パテントを管理するために，縦軸を商品カテゴリー，横軸を研究開発に関する技術のテーマ，尺度，目標値，スケジュールとするガントチャートを作成していた。このガントチャートによって取り組むべき技術が明らかになるとともに，数値化することで実績値と目標値を比較し，研究開発の進捗管理に役立てていた（図表3.12参照）。

図表3.12　パテントマネジメント

	研究開発テーマ	尺度	目標値	スケジュール
商品カテゴリー	○○のパテント	申請件数	○件	⟶
	△△技術の開発	件数	○件	⟶
		—	—	⟶
		—	—	⟶

出典：梅田他（2018）。

(5)　イノベーション

製品リーダーシップという戦略テーマを実行するには，いかにイノベーションを起こせるかが鍵となる。TS 事業部では，イノベーションを促進するために，事業推進グループと呼ばれる，革新的新製品開発を行う組織が設けられている。半導体のライフサイクルは 2 ～ 3 年と非常に短いため，開発ライフサイクルをいかに縮めるかが課題となっている。

（革新型新製品を）うちでは速く出さなければいけないのですが，お客様は最初ついていないです。そうするとどうしても遅くなってしまいます。お客様がついている場合はいつにほしいというのが明確になるので，早いのですが，どうしてもうちの中で作ろうとすると，いろいろな場所から意見を取り入れるので遅くなってしまいます。

(6)　スキル

　新製品開発の成功は，人的資産である従業員のスキルにも大きく左右される。TS 事業部では，パテント取得，イノベーションの創造に加えて，顧客ニーズ充足のためにも従業員のスキルアップを図っている。

　　　技術力は積み重ねていかなければなくなってしまうものなので，それがお客様に応えられるだけの積み重ねがある程度できているとは思います。

　スキルアップのために，外部委託の従業員教育だけでなく，自主的な勉強会が開かれている。この勉強会は，従業員が中心となって，個別に他の従業員に教えてもらいたいときや今後，会社全体で核となるスキルを共有するときなどに開催される。その際，スキルに一番詳しい従業員が講師となる。
　また，スキルの面以外にも，顧客ニーズに迅速に対応するためのノウハウが求められる。OJT による学習を通じてノウハウを共有している。

　　　周りの人がやっていることをみて，まねるというか，そうするとあの辺のことはこの人に聞けばいい。

(7)　データベースの高度化

　顧客情報と技術情報を管理するためのデータベースが構築されている。データベースといった情報インフラは，インタンジブルズである情報資産の

重要な要素である。顧客情報は，顧客の嗜好や行動を把握し，顧客ニーズの充足に有用である。また，技術情報は，自社の技術を整理するとともに製品設計・開発において不可欠の要素である。TS 事業部は，顧客に関する情報資産と自社技術に関する情報システムを構築している。製品の性能，価格，納期に関する情報が各地から集められ，クラウドを用いて共有される。こうした情報をもとに，どこで設計，製造するのかを決定し，リードタイムの短縮に役立てている。さらに，海外の拠点同士が競合するカニバリズムが起きてグループ全体の利益を損ねないためにも，情報収集と情報共有は重要であるという。

　顧客情報は，本社が中心となって構築している。市販のクラウド・ソフトを使っており，海外拠点は海外現地の言語で情報を閲覧することができるようになっている。情報は，自社が有する技術，失敗も含めた過去の経験が蓄積される。さらに，最近では，営業活動に関する情報，具体的には契約が取れなかった事例などの経験も収集している。

　　　ものが欲しいと言われたときに，お客様はあちこちにグローバルであるので，1 か所だけではないのですね。我々も海外にいろいろと拠点がありますので，それがいろいろ情報を取って集めてくるわけです。（顧客情報と技術情報をもとに）我々中枢にいる人間が判断するのが非常に重要です。

　以上のように，TS 事業部は，顧客関係性重視と製品リーダーシップという戦略テーマを軸として重点課題を設定し，管理している。具体的には顧客関係性重視は顧客満足度向上，製品リーダーシップはイノベーションの創出を目的とし，その手段としての重点課題が定められていた。2 つの戦略テーマは，それぞれ顧客満足度の向上とイノベーションの創出を中心としながらも，個々の重点課題は独立して管理されていた。

3.3.4 戦略修正の課題

　TS 事業部では，重点課題が設定され管理が行われていた。しかし，戦略
の可視化は行われていない。TS 事業部には，戦略を可視化しないことによ
る戦略管理上の課題が2点あった。第1の課題は，それぞれの重点課題が独
立し目的・手段関係で管理していることである。戦略テーマに基づいて，重
点課題の因果関係を構築する必要がある。独立して管理すると，重点課題が
同じベクトルに向かわない場合がある。また，目的・手段関係で重点課題を
設定した場合，手段が発散し，戦略を達成する真に重要な重点課題が曖昧に
なる可能性がある。したがって，重点課題を個別に管理するのではなく，因
果関係によって，戦略的に集中させることが重要となる。

　第2の課題は，事業戦略と事業部内のアライメント，企業戦略と事業戦略
のアライメントが図られていないことである。TS 事業部長の考えでは，TS
事業部は顧客関係性重視と製品リーダーシップの2つの戦略テーマがある。
しかし，実際の業務や構築されたインタンジブルズは，顧客関係性重視に関
するものである。顧客関係性重視だけでなく，製品リーダーシップへの戦略
テーマもアライメントを図る必要がある。TS 事業部長自身も，市場シェア
を守るために顧客関係性重視の重要性を認識している。一方で，現状の課題
として製品リーダーシップへどのようにシフトしてよいかわからないことを
問題視している状況にある。

　また，企業戦略と事業戦略のアライメントも図られていない。企業戦略の
戦略テーマが卓越した業務と顧客関係性重視であるのに対して，事業戦略の
戦略テーマは顧客関係性重視と製品リーダーシップである。つまり，企業戦
略と事業戦略のアライメントが取れていない状況にある。

3.4　考察

インタビュー調査の結果，TS 事業部では，戦略実行を支援するインタンジブルズが構築されていた。しかし，TS 事業部の戦略管理には 2 つの課題がある。第 1 の課題は，重点課題が独立していることである。第 2 の課題は，企業全体でアライメントが図られていないことである。本節では，これら 2 つの課題について考察する。

3.4.1　BSC による事業戦略の可視化と戦略管理

重点課題が独立しているという課題は，戦略マップを構築することで解決することができる。戦略マップを構築することで，従来独立して行われていた重点課題の管理でも，戦略に関係ないものははずされて真に管理が必要な活動に集中することができる。そこで，TS 事業部で設定されていた顧客関係性重視と製品リーダーシップという戦略テーマごとに戦略マップを構築する。加えて，インタンジブルズを管理するためのスコアカードも構築する。最後に，戦略修正のための性能テーブルを提案する。BSC を構築するにあたっては，戦略目標を設定しなければならないが，TS 事業部の設定している重点課題が戦略目標に該当すると考えられる。そこで，ここでは TS 事業部の重点課題を戦略目標として議論する。

(1)　顧客関係性重視の戦略テーマ
図表3.13は，前節で記述した TS 事業部の顧客関係性重視を戦略テーマとした現状の戦略目標を戦略マップによって関連づけたものである。ここで，特徴的なのは，独立していたインタンジブルズが因果関係をもって結ばれていることにある。具体的には，TS 事業部の強みであるエマージェント組織

105

図表3.13　顧客関係性重視の戦略マップ

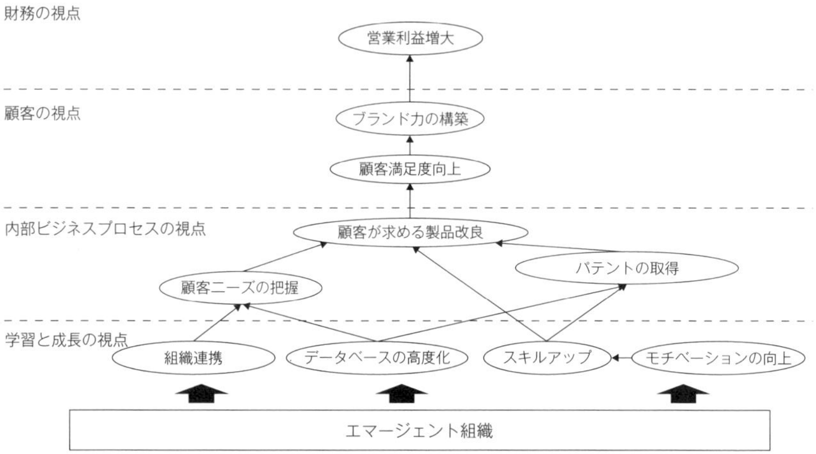

財務の視点

営業利益増大

顧客の視点

ブランド力の構築

顧客満足度向上

内部ビジネスプロセスの視点

顧客が求める製品改良

顧客ニーズの把握

パテントの取得

学習と成長の視点

組織連携　　データベースの高度化　　スキルアップ　　モチベーションの向上

エマージェント組織

出典：筆者作成。

によって，インタンジブルズが高められている点である。エマージェント組織は，顧客ニーズの充足に最適な人材を従業員が能動的に集め組織を形成すること，顧客ニーズに対応できる製品開発を行える能力をもった組織を強化することである。

　モチベーションの向上は，スキルアップのためのモチベーション向上に影響を及ぼす。スキルのある従業員が育成されれば，従業員は自らプロジェクトに最適な人材を集めるし，顧客ニーズに対応した製品開発を行うことができる。データベースの高度化という戦略目標は，情報が蓄積されアクセスしやすい形になっているかどうかである。TS事業部は，技術情報に加え，過去の取引の経験も含めた顧客情報がデータベース化されていた。データベースが高度化されれば，その情報は顧客ニーズの把握や製品開発に貢献する。結果として，顧客満足度が向上し，ブランドが構築され，最終的に利益に結びつく。

106

(2)　製品リーダーシップの戦略テーマ

　2つ目の戦略テーマは，製品リーダーシップである。すでに記述したようにTS事業部長は，製品リーダーシップの重要性を認識しているものの管理方法が困難であると感じていた。そこで，製品リーダーシップの戦略マップを提案する（図表3.14参照）。

　製品リーダーシップには，破壊的イノベーションをいかに起こせるかが鍵となる。Dyer *et al.*（2011，p. 254）は，破壊的イノベーションの源泉として，発明志向型の人材とイノベーションを推進する組織文化をあげている。発明志向型の人材とは，発見力，知識，イノベーションを起こそうとする意識を持った人材である。また，Dyer *et al.*（2011，p. 248）によれば，イノベーションは研究開発部門だけの仕事ではなく全社的に行うべきであるという。つまり，イノベーション志向の組織には，発明志向の人材とイノベーションに果敢に取り組む組織文化が必要となる。イノベーション志向の組織は，自律性があり，問題解決に迅速に取り組むエマージェント組織（梅田他，

図表3.14　製品リーダーシップの戦略マップ

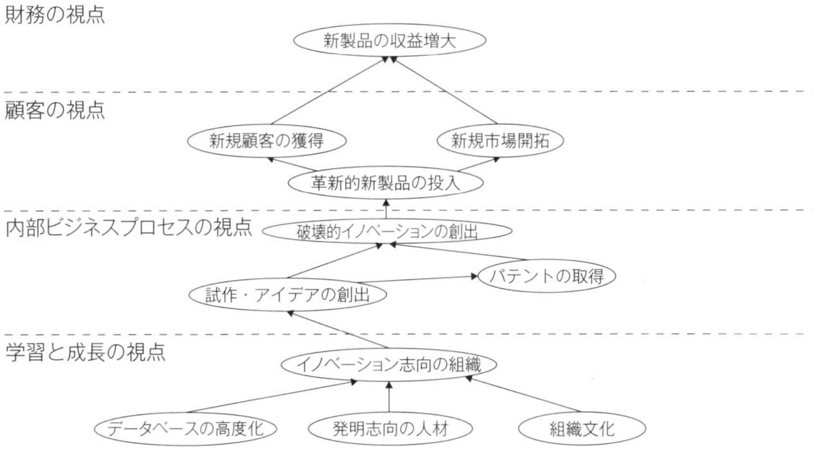

出典：筆者作成。

2018）が望ましいと考えられる。

　イノベーション志向の組織によって，試作・アイデアの創出や特許の取得につながり，破壊的イノベーションの創出につながる。最終的に，新規顧客を獲得し新規市場を開拓することで，財務成果を高める。

　以上のように，戦略テーマに区分して戦略マップを用いて戦略を可視化することで，個々の戦略目標に因果関係をもたせることができる。また，企業が向かう方向が明確になり，コミュケーションを図ることで従業員は自分の業務が戦略と関連していることを自覚できる。

(3)　戦略管理のためのスコアカード

　上記で提案した戦略マップを基にしたスコアカードによる戦略管理について検討する。

　図表3.15は，インタンジブルズに関わる戦略目標のスコアカードと戦略的実施項目の例である。たとえば，スキルアップを測定するにはレディネス評価がある。レディネスを測定することで，測定が難しいインタンジブルズに関わる戦略目標を得点化し目標値を設定することができる。スキルアップを

図表3.15　スコアカード

	スコアカード				
	戦略目標	尺度	目標値	実施項目	予算
学習と成長の視点	データベースの高度化	情報資産レディネス	80%	IT 投資	¥ XXX
	スキルアップ	人的資本レディネス	70%	技術研修	¥ XXX
	従業員の動機づけ	ストックオプション行使率	100%	ストックオプション制度	¥ XXX

出典：筆者作成。

108

実現するために，スキルに関する技術研修を実施することで目標値を達成することができる。

(4)　戦略修正のための性能テーブル

　受注獲得には，顧客ニーズを特定し，それに対応した設計を行わなければならない。ニーズの特定回数やニーズの適応度で測定することで受注獲得に関する活動を管理することができる。では，顧客ニーズの特定はどうすればよいか。手島・岩淵（1996）が提案した機能テーブルを用いた売価予測は，顧客ニーズの特定に応用できると考えられる。彼らの提案は，横軸を時間，縦軸を価格とする機能テーブルを作成し，同一機能製品の売価が時間軸でどのように変化するかを把握することで新製品の価格決定に役立てようとするものである。これを顧客ニーズの特定に応用したものが，図表3.16の性能テーブルである。横軸を時間，縦軸を自社または他社の性能とし，自社と他社の性能をプロットする。そして，近似直線を引いて将来の性能の予測を立

図表3.16　顧客ニーズ特定のための性能テーブル

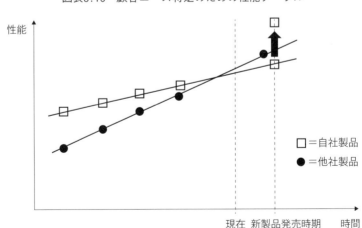

出典：筆者作成。

てる。図表3.16を利用すると，自社の性能を革新的に決定することができる。つまり，革新的新製品の開発にシフトするように戦略修正を行うことができる。

3.4.2　BSC によるアライメント

　第2の課題である企業全体のアライメントについて検討する。企業全体で価値を高めるためには，企業戦略に向かってベクトルを合わせるアライメントが必要である。このアライメントは，本社の重要な役割である。アライメントを図るためには，全社的な戦略テーマを複数の部門で共有する必要がある（Kaplan and Norton, 2006, p. 102）。

　図表3.17は，縦軸を戦略テーマ，横軸を TS 事業部，CS 事業部，CN 事業部，生産本部とするマトリックス図である。本社の戦略テーマは，すでに指摘したように，卓越した業務と顧客関係性重視である。TS 事業部の戦略テーマは，顧客関係性重視と製品リーダーシップである。生産本部の戦略テーマは，卓越した業務であり，世界各地にある生産拠点や部品の取引先の最適化，生産効率の向上を目指す。

　現状は，本社では製品リーダーシップという戦略テーマを採用していないが，TS 事業部では製品リーダーシップを目指しており，本社と TS 事業部のアライメントが図れていない。TS 事業部の主力製品は，市場ニーズの拡

図表3.17　A 社の戦略テーマ

	TS 事業部	CS 事業部	CN 事業部	生産本部
卓越した業務		●	●	●
顧客関係性重視	●	●	●	
製品リーダーシップ	●			

出典：筆者作成。

大によって，今後競争が激しくなると考えられる。そのために，TS事業部長は，革新的な新製品開発に取り組むべきと考えていた。企業戦略を事業部へ落とし込み，実行した結果，新たな戦略テーマが必要となった。これは，TS事業部から生まれた創発された戦略テーマである。本社は，製品リーダーシップを取り込んだ戦略テーマの修正が必要となる（図表3.18参照）。

　A社のアライメントによる戦略テーマの修正は，TS事業部の製品リーダーシップの可否に大きく影響する。製品リーダーシップには破壊的イノベーションが不可欠である。破壊的イノベーションのためには，BSCで示したように，発明志向の人材を採用することが必要となる。アライメントの結果，TS事業部が求める人材が明らかになり，全社的に共有することで，発明志向の人材を採用できるようになる。また，アライメントは，他部署の戦略目標を把握することで，部署間のリンケージを促進する。TS事業部と

図表3.18　アライメントによる戦略テーマの修正とリンケージ

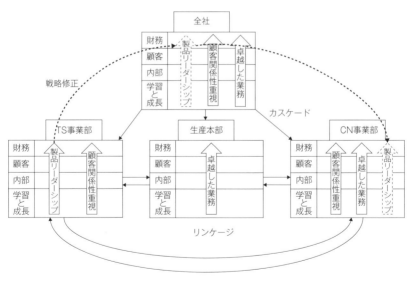

出典：筆者作成。

CN 事業部は，同じ半導体関連機器を製造している。リンケージを図ること
で，市場の情報を共有したり，技術やノウハウを共有することができる。
TS 事業部と生産本部のリンケージは，TS 事業部の顧客データをもとに，
モジュール化や効率化できる部品は製造の効率化を進めることができる。結
果として，シナジーが生まれ全社的な利益を生む可能性が高まる。ここで，
アライメントを図る際の注意点について述べる。組織や人に適合する戦略
テーマでアライメントを図らなければならない。たとえば，新製品リーダー
シップが重要となるイノベーションを担う組織において，顧客関係性重視や
卓越した業務でアライメントを図ろうとすると，自発的な行動が抑制され，
結果としてイノベーションが生まれない可能性がある。したがって，アライ
メントを図る際には，組織成員全員がイノベーションの重要性を認識するこ
とが重要となる。

　TS 事業部の戦略を戦略マップによって可視化することで，従業員に戦略
を浸透させ戦略実行に向かわせたり，独立していたインタンジブルズ・マネ
ジメントを因果関係で結び管理したりできる。このようにして戦略が実現で
きると，企業価値が創造される。また，TS 事業部で生まれた製品リーダー
シップという戦略テーマを A 社全体で共有することで，全社的に新たな価
値創造の戦略が生まれる可能性がある。つまり，本章で提案した BSC によ
る戦略の可視化とアライメントによる戦略テーマの修正は，企業価値創造に
寄与すると考えられる。

まとめ

　本章では，ケース・スタディを通じて，リサーチサイトの課題を抽出し戦
略管理におけるインタンジブルズの役割について検討した。本章の貢献は，
次の 3 つにある。

　第1に，ケース・スタディを通じ，BSCによる戦略管理とインタンジブルズの役割を明らかにした。リサーチサイトでは，戦略達成のために複数の戦略目標が設定され管理されていた。しかし，目的・手段関係で結ばれているため，手段が発散する可能性があった。また，トップ・マネジメントは，製品リーダーシップという戦略テーマの重要性を認識しつつも実行が困難であると感じていた。そこで，事業戦略をBSCに落とし込むことが提案された。製品リーダーシップを軸とするBSCを作成することで，戦略目標，尺度，実施項目が明らかになり，何を実行してどのように管理すべきかが明確になった。特に，測定が困難と言われるインタンジブルズを構築，管理することができる。

　第2に，戦略修正のために性能テーブルの作成を提案したことである。リサーチサイトでは，他社が自社の性能を上回る製品を投入した場合，市場を奪われる危険性があった。そこで，性能テーブルを作成することで，自社と他社の性能を予測，比較することで新製品の性能の決定に役立てることができる。つまり，他社製品の性能予測を上回る性能に決定することで，製品リーダーシップという戦略テーマに修正することができる。

　第3に，全社的にアライメントを図ることで戦略テーマを修正し他部門とリンケージを図ることができる。リサーチサイトは，事業部で創発された製品リーダーシップという戦略テーマを全社的に共有できていなかった。環境変化が激しいA社にとって製品リーダーシップを全社的に取り組むことで競争優位を築くことができる。

第4章

インタンジブルズ・マネジメントにおける
価値創造の役割

はじめに

　第 2 章では，コミュニケーションだけでなく戦略管理まで拡張した研究があることを明らかにした。MERITUM ガイドライン，デンマーク知的資本報告書および知的資産経営のためのガイドラインは，コミュニケーションだけでなく戦略管理にもインタンジブルズを役立てようとしていた。しかし，これらのガイドラインは，必ずしも価値創造プロセスの開示を求めているわけではなかった。

　第 3 章では，インタンジブルズ・マネジメントを通じた戦略管理について検討した。バランスト・スコアカード（balanced scorecard: BSC）を構築することで，戦略を戦略マップで可視化すると，インタンジブルズは，戦略管理だけでなく価値創造にも役立つことがわかった。

　本章では，図表4.1の実線で示したインタンジブルズ・マネジメントにおける価値創造に焦点を当てる。また，価値創造を超えて，価値創造とコミュニケーションについても焦点を当てる。

図表4.1　本章の研究課題

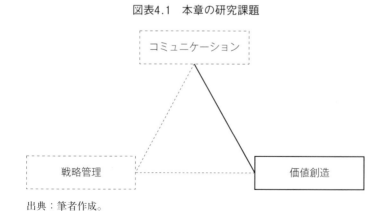

出典：筆者作成。

企業は，企業価値をいかに創造するのかが重要である。第1章で示したように，この企業価値にはさまざまな見解がある。たとえば，アメリカ企業にみられるように株主を第一に考え，企業価値を経済価値と捉える考え方である。一方で，ステークホルダー全体の価値を考慮するステークホルダー価値がある。また，価値創造プロセスも同様にさまざまなモデルがある。たとえば，デュポンチャートのように企業価値を構成要素に分解するタイプやBSCのように企業価値に重大な影響を及ぼすバリュー・ドライバーを特定するタイプがある。これらを整理し検討する必要がある。

　従来，企業は，財務諸表やアニュアル・レポートを通じてステークホルダーとコミュニケーションを図ってきた。企業の社会的責任や環境への配慮への関心が高まるとサステナビリティ・レポートで非財務情報を開示するようになった。一方で，インタンジブルズの重要性の高まりから，オンバランスされないインタンジブルズを開示することでコミュニケーションを図ろうとする知的資産報告書が登場している。コミュニケーションのために，ステークホルダー価値の価値創造プロセスも開示しようとする動きがある。IIRC（International Integrated Reporting Council：国際統合報告評議会）が2013年に公表した統合報告フレームワークは，オクトパスモデルと呼ばれる価値創造プロセスとしての可視化を求めている。

　本章の目的は，エーザイの事例を取りあげ，インタンジブルズの測定の価値創造とコミュニケーションの役割を明らかにすることである。第1節では，企業価値を定義するとともに，価値創造プロセスに関する先行研究のレビューを行う。第2節では，統合報告の基本概念とオクトパスモデルについて概説する。第3節では，エーザイの統合報告について述べる。第4節では，エーザイの統合報告に基づいて価値創造プロセスの考察を行う。最後に本章での発見事項を述べる。

4.1 企業価値と価値創造プロセス

　企業は，事業活動を通じて持続的に企業価値を創造することが求められている。企業価値をどのように捉えるかには，さまざまな見解がある。そこでまず，企業価値に関する先行研究を整理する。次に，企業がどのように価値を創造するのかという価値創造プロセスに関する先行研究を整理する。

4.1.1 企業価値

　企業価値は，誰に対して価値創造するのかによって捉え方が異なる。つまり，企業価値を享受する対象を株主のみを対象とするのか，またはステークホルダー全体を対象とするのかである。櫻井（2010）によれば，stakeholder という英語は，shareholder（米）や stockholder（英）という英語の韻を踏んでおり，stakeholder と shareholder とを対立軸として捉えている[1]。そこで，ここでは，誰のために価値創造するのかという視点から株主価値とステークホルダー価値を検討する。

　株主価値は，経営者が企業の所有者である株主のために経営を行い，利益を株主に還元することを経営の第一義的な目的とする考えである。つまり，株主の富の極大化を狙う。株主価値は，Mckinsey & Company（2010）に代表されるように，株主志向の経営によって，株価，MVA（Market Value Added: 市場付加価値），割引キャッシュ・フローといった経済価値の向上を目指す考えである。これは一般的には，価値創造経営（Value Based Management: VBM）と呼ばれる。

---

1)　櫻井（2010）は，stakeholder と shareholder とを対立軸で捉えようとする見解の裏付けを取ることはできなかったが，この見解は説得力があると述べている。

これに対して，ステークホルダー価値は，企業を取り巻くすべてのステークホルダーのベネフィットを追求する考えである。Freeman *et al.*（2007，p. 6）は，社会における企業の真の目的はステークホルダーのための価値創造であると述べている。株主価値を企業価値とする場合，ステークホルダー間の利害対立が生まれる場合がある。たとえば，経済価値のみを追求した場合，従業員に過度な労働を強いることによる生産性の向上や，粉飾決算といった法に反する行動を助長する可能性がある。そのために本研究では，企業価値をステークホルダー価値で捉える。なぜならば，企業はさまざまなステークホルダーに影響を及ぼし，及ぼされながら活動している。そして，企業はステークホルダーとの関係の中で，ステークホルダーと企業価値を共創していると考えるからである。

4.1.2　価値創造プロセス

株主価値を創造するにせよ，ステークホルダー価値を創造するにせよ，企業がいかに価値を創造するかが重要である。ここでは，株主価値とステークホルダー価値という2つの企業価値に基づいて，価値創造プロセスの先行研究を整理する。株主価値の創造を志向する価値創造プロセスを株主アプローチ，ステークホルダー価値の創造を志向する価値創造プロセスをステークホルダー・アプローチと呼ぶ。なお，最終的な結果が株主価値であっても価値創造のプロセスの中に，株主以外のステークホルダーの価値が含まれている場合には，ステークホルダー・アプローチとする。

さらに，この2つのアプローチは，構成要素タイプとバリュー・ドライバータイプに分類できる。構成要素タイプとは，企業価値を構成要素に分解する価値創造プロセスである。他方，バリュー・ドライバータイプとは，企業価値に重大な影響を及ぼすバリュー・ドライバーを特定する価値創造プロセスである。

図表4.2　価値創造プロセスの分類

出典：筆者作成。

　以上を整理すれば，価値創造プロセスのタイプは，図表4.2のように，シェアホルダー・アプローチの構成要素タイプとバリュー・ドライバータイプ，ステークホルダー・アプローチの構成要素タイプとバリュー・ドライバータイプの4つに分類することができる。

(1)　株主アプローチ

　株主アプローチは，株主価値創造のためのプロセスである。株主アプローチの構成要素タイプとバリュー・ドライバータイプの2つのタイプの先行研究を明らかにする。

　構成要素タイプの代表的なものとして，デュポンチャートがあげられる（図表4.3参照）。デュポンチャートは，ROI（return on investment:投資利益率）を財務諸表に基づく財務指標に分解する。その結果，ROIを高めるには，どの指標，勘定科目を高めるかが明らかになり，企業価値創造に向けたマネジメントが可能になる。

　次にバリュー・ドライバータイプについて説明する。このタイプには，Mckinsey & Company（2010）の価値創造プロセスとBoulton *et al.*（2000）の価値創造プロセスがある。

　Mckinsey & Company（2010）は，株主価値を高めるバリュー・ドライ

図表4.3　デュポンチャート

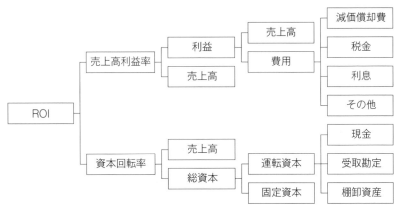

出典：Solomons（1965，p. 165）.

図表4.4　Mckinsey & Company（2010）の価値創造プロセス

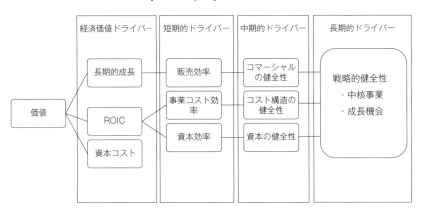

出典：Mckinsey & Company（2010，p. 417）.

バーを明らかにしている（図表4.4参照）。株主価値を高めるバリュー・ドライバーには，経済価値ドライバー，短期的ドライバー，中期的ドライバー，長期的ドライバーがある。たとえば，ROIC（return on invested capital: 投

下資本利益率）を高めるためには，短期的には，事業コスト効率と資本効率
の管理が必要になる。中期的には，コスト構造が適切であるかどうかが重要
となる。長期的には，中核事業が稼げる事業なのか，成長機会がある事業な
のかが重要となる。具体的には，新技術，顧客の価値変革および新サービス
の開発といったインタンジブルズが含まれる（Mckinsey & Company，2010，
p. 419）。

　Boulton *et al.*（2000）は，企業価値を株価として，資産を株価を高めるド
ライバーとして捉えている（図表4.5参照）。Boulton *et al.*（2000，訳 p. 43）
によれば，企業価値を創造するためには，物的資産，金融資産，顧客資産，
従業員／サプライヤー資産および組織資産の認識が重要であるという。特に，
顧客資産，従業員／サプライヤー資産および組織資産といった財務諸表に現
れないインタンジブルズが企業価値に大きな影響を及ぼすという。

　この価値創造プロセスは，資産を認識したら，それを最大限に活用し，価
値を生み出す独自のビジネス・モデルが必要になる（Boulton *et al.*，2000，
訳，p. 162）。独自のビジネス・モデルを通じて，株価が向上する。ビジネ
ス・モデルをブラックボックスにしているために具体的な価値創造プロセス
は不明である。しかし，価値創造に寄与する組織資産，顧客資産および従業

図表4.5　Boulton *et al.*（2000）の価値創造プロセス

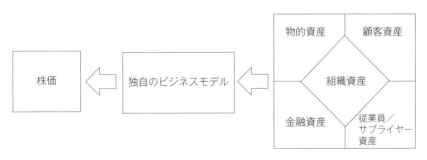

出典：Boulton *et al.*（2000）に基づき筆者作成。

員／サプライヤー資産といったインタンジブルズの認識を強調した点は興味深い。

(2)　ステークホルダー・アプローチ

　ステークホルダー・アプローチは，ステークホルダー価値の創造を目的とする価値創造プロセスである。最終的に創造される価値が株主価値や経済価値であっても，その他の価値が価値創造プロセスに含まれているならばステークホルダー・アプローチと解釈する。価値は創造するまでの時間が異なる。たとえば，株主価値のように比較的創造しやすいものからその他のステークホルダー価値のように比較的創造しにくいものがある。最終的な株主価値だけが重要だけでなく，そのプロセスで創造された価値も重要ある。ステークホルダー・アプローチの構成要素タイプとバリュー・ドライバータイプの先行研究をそれぞれ明らかにする。

　構成要素タイプには，Donovan *et al.*（1998）の価値創造プロセスをあげることができる（図表4.6参照）。Donovan *et al.*（1998）の価値創造プロセスは，企業価値を顧客価値，経済価値および組織価値というステークホルダー価値として捉えている。企業価値は，顧客価値，経済価値および組織価値からなる。そして，Donovan *et al.*（1998）は，顧客価値を顧客が自社製品と競合製品と比較した場合の相対価格と相対品質という顧客資産に分解している。経済価値は収益，資産および費用という構成要素に分解している。組織価値は，組織資産である他社と比較した際の相対的報酬と人的資産である相対的な仕事の質という構成要素に分解している。このような考えは，Edvinsson and Malone（1997）のインタンジブルズの構成要素の分類に近い[2]。つまり，Donovan *et al.*（1998）の価値創造プロセスは，インタンジブルズを企業価値の構成要素として捉えている。

　次に，バリュー・ドライバータイプについて明らかにする。このタイプには，Heskett *et al.*（1994）のバリュープロフィット・チェーン，Kaplan and

124

図表4.6　Donovan *et al.*（1998）の価値創造プロセス

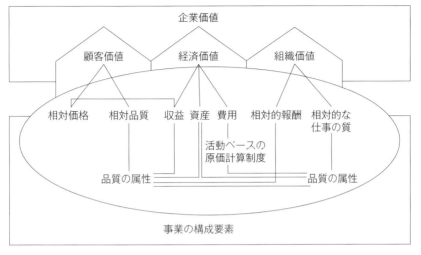

出典：Donovan *et al.*（1998，訳 p. 106）.

Norton（2004）の BSC，伊藤・関谷（2016）の価値創造プロセスがある。

　Heskett *et al.*（1994）のバリュープロフィット・チェーンは，従業員満足度を高めることで，顧客満足満足度が高まり，売上や収益が増大するというプロセスである（図表4.7参照）。バリュープロフィット・チェーンの特徴的な点は，従業員満足を高め，職場設計や報酬制度の整備や顧客満足度を高めるための設計と開発といった事業活動が価値のバリュー・ドライバーになっている点である。つまり，バリュープロフィット・チェーンは，従業員や顧客といったステークホルダーも視野に入れて，人的資産や顧客資産といったインタンジブルズの構築を志向している。

2）　Edvinsson and Malone（1997）は，インタンジブルズを階層的に分解している。まず，従業員が退社すると企業に残らない属人的な人的資産と退社後も企業内の残る構造資産に分類している。さらに，構造資産を顧客に紐づけできる顧客資産と企業構造に紐づけられる組織資産に分類している。

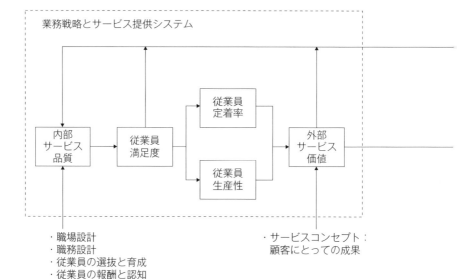

業務戦略とサービス提供システム

内部
サービス
品質

従業員
満足度

従業員
定着率

従業員
生産性

外部
サービス
価値

・職場設計
・職務設計
・従業員の選抜と育成
・従業員の報酬と認知
・顧客サービスのツール

・サービスコンセプト：
　顧客にとっての成果

出典：Heskett *et al.*（1994, p. 166）.

Kaplan and Norton（2004）の BSC は，財務の視点，顧客の視点，内部プロセスの視点および学習と成長の視点の４つの視点で戦略目標を示し戦略を可視化したものである（図表4.8参照）。財務の視点は，株主に対する経済価値を創造するための戦略目標を記述する。顧客の視点は，顧客に対する顧客価値創造するための戦略目標を記述する。内部プロセスの視点は，財務の視点と顧客の視点の戦略目標を達成するためのビジネス・プロセスを記述する。学習と成長の視点は，組織資産，情報資産，人的資産といったインタンジブルズを記述する。BSC の特徴は，戦略にとって重要な戦略目標を因果関係で価値創造を示している点である。また，インタンジブルズを価値創造の源泉としている点である。

ロフィット・チェーン

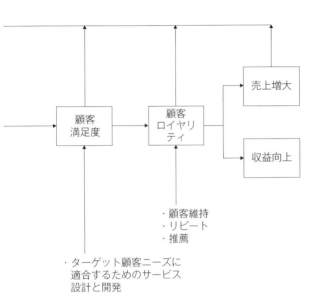

　伊藤・関谷（2016）の価値創造プロセスは，期首の有形資産とインタンジ
ブルズが活動を通じて期末の有形資産とインタンジブルズを構築し，これら
が企業価値を創造するプロセスである（図表4.9参照）。伊藤・関谷（2016）
の価値創造プロセスの特徴は，戦略とマネジメントコントロール・システム
を取り入れた点である。有形資産とインタンジブルズは，戦略と結びついて，
企業価値を創造する。つまり，企業活動は戦略に左右され，それをコント
ロールするマネジメントコントロール・システムの影響も受ける。
　以上より，さまざまな研究者によって，企業価値をどのように創造するの
かという価値創造プロセスが明らかにされてきた（図表4.10参照）。本章で
は，価値創造プロセスをステークホルダー・アプローチのバリュー・ドライ

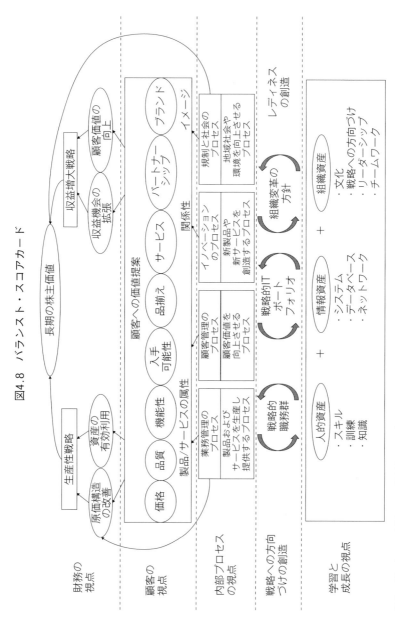

図4.8 バランスト・スコアカード

出典：Kaplan and Norton（2004. p. 51）.

128

図表4.9　伊藤・関谷（2016）の価値創造プロセス

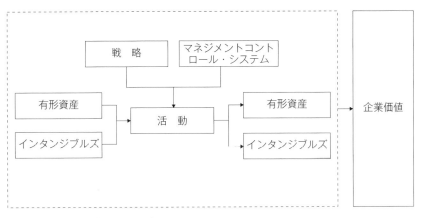

出典：伊藤・関谷（2016, p. 23）。

図表4.10　価値創造プロセス研究の分類

アプローチ ＼ タイプ	構成要素タイプ	バリュー・ドライバータイプ
株主志向	デュポンチャート	Mckinsey & Company（2010） Boulton *et al.*（2000）
ステークホルダー志向	Donovan *et al.*（1998）	Heskett et al.（1994） Kaplan and Norton（2004） 伊藤・関谷（2016）

出典：筆者作成。

バータイプを採る。すでに述べたように，企業は，さまざまなステークホルダーとの関係の中で，企業価値を創造していると考えるため，株主アプローチよりステークホルダー・アプローチとして捉えるようになってきた。また，構成要素タイプを採用した場合，構成要素に分解しても何を重要視するのかが見えてこない。価値創造に重要なのは，戦略的な重点課題を定め，アクションをとることで企業価値を創造する一連の因果連鎖が重要になる。つま

り，企業価値創造のためには，バリュー・ドライバータイプが有用であると考えられる。要するに，ステークホルダー・アプローチのバリュー・ドライバータイプの価値創造プロセスは，持続的な価値創造に寄与するモデルである。

4.2 価値創造プロセスとコミュニケーション

インタンジブルズの価値創造プロセスの先行研究には，価値創造プロセスを超えて，コミュニケーションへの役立ちを扱うものもある。IIRC フレームワークは，価値創造とコミュニケーションに有用である。本節では，まず，インタンジブルズ情報の開示によるコミュニケーションに関する先行研究を価値創造の視点からレビューする。次に，価値創造とコミュニケーションを扱った統合報告を概説する。最後に，統合報告の基本概念を明らかにし，その中で価値創造プロセスを検討する。

4.2.1 価値創造とコミュニケーションに関する研究およびガイドライン

第 2 章では，インタンジブルズ情報を開示することで，ステークホルダーとのコミュニケーションを図ることを目的する Lev（2003），スカンディア・ナビゲーター，MERITUM ガイドライン，デンマーク知的資本報告書，知的資産経営の開示ガイドライン，Lev and Gu（2016）を検討した[3]。本項では，これらの研究およびガイドラインを価値創造プロセスの可視化という視点から検討する。

Lev（2001）のバリューチェーン・スコアボードは，発見および学習段階，

---

[3]　それぞれのガイドラインの詳細については，第 2 章を参照されたい。

実行段階，商業化段階の3段階で，インタンジブルズの成果が現れるかを表している。さらに，3つの段階は3に分けられ，計9項目が示される。項目ごとに，インタンジブルズがどのように価値創造するのかを箇条書きで示す。箇条書きで示されるため，項目間の因果関係が曖昧であり，明確な価値創造プロセスとは言い難い。

　スカンディア・ナビゲーターは，財務の視点，顧客の視点，人材の視点，プロセスの視点，革新・開発の視点の5つの視点に，インタンジブルズ，インタンジブルズを構築するための活動，企業価値が示される。しかし，戦略マップの構築を推奨しているわけではないため，視点間およびインタンジブルズ，活動，企業価値の因果関係は明確ではない。

　Lev and Gu（2016）の戦略的資源・帰結報告書は，資源開発，資源ストック，資源保持，資源展開，創造価値の5段階で，インタンジブルズが価値に変換される過程ごとに示している。これらのガイドラインに共通する問題は，それぞれの項目が箇条書きで列挙され，項目間の因果関係が明らかでない点にある。つまり，インタンジブルズと企業価値との関係性が不明瞭であり，企業全体の価値創造は可視化されない。

　MERITUM は，価値創造のために，戦略目標，戦略目標達成のためのインタンジブルズ，インタンジブルズ構築のための活動およびその指標が示される。このガイドラインは，一見すると価値創造を可視化しているように見える。しかし，戦略目標間の因果関係がブラックボックスになっている点や企業価値を株主価値のみに限定している点などから株主アプローチの Boulton *et al.*（2000）の価値創造プロセスに近いものとなっている。

　デンマーク知的資本報告書は，価値創造に必要なインタンジブルズを記述するナレッジ・ナラティブ，経営課題，行動計画，指標を示す。価値創造に必要なインタンジブルズを示すものの，肝心の企業価値とインタンジブルズとの関係性が明確ではない。

　知的資産経営の開示ガイドラインは，価値創造に向けた過去，現在，将来

のインタンジブルズを一貫したストーリーをもって記述する。また，インタンジブルズに関する指標も記述する。知的資産経営の開示ガイドラインは，その他のガイドラインのように，明確なモデルを示していないため，価値創造プロセスを開示できていない。

　要するに，これらの研究およびガイドラインは，財務諸表ではオンバランスされないインタンジブルズを開示することによるコミュニケーションを目的としている。しかし，インタンジブルズ同士の関係性やインタンジブルズが企業価値にどのように転換されるかなどが明らかでない。したがって，インタンジブルズがどのように活用され，企業価値を創造するかを明確に可視化できているとは言い難い。

　一方で，統合報告は，価値創造に関する情報および価値創造プロセスを開示することで，ステークホルダーとコミュニケーションを図ることを目的としている。そこで，次節以降では，統合報告について検討する。

4.2.2　統合報告の目的

　統合報告は，「統合思考を基礎とし，企業の長期にわたる価値創造に関する定期的な統合報告と，これに関連する価値創造の側面についてのコミュニケーションに繋がるプロセスである」（IIRC，2013，p. 33）と定義されている。

　統合思考は，統合報告の基礎となる鍵となる概念である。たとえば，有価証券報告書は主として財務資本，サステナビリティ・レポートは環境資本といったように従来の報告書は，企業の一部の資本の情報に焦点が当てられている。開示する資本が異なれば，価値創造の時間軸と対象となるステークホルダーも異なる。有価証券報告書は，株主を対象として，比較的短期の財務資本を報告する。サステナビリティ・レポートは，主として地域社会や規制当局を対象として，長期的に企業活動が環境に与える影響に焦点が当てられ

ている。このように従来の報告書と統合報告書では，資本，ステークホルダー，時間軸が異なっている。統合報告における資本は，財務資本，製造資本，知的資本，人的資本，社会・関係資本，自然資本のすべての資本（IIRC，2013，p. 2）を対象としている。また，ステークホルダーは，株主，従業員，サプライヤー，事業パートナー，地域社会，立法者，規制当局，および政策立案者を含む（IIRC，2013，p. 8）。時間軸は，短，中，長期的の価値創造（IIRC，2013，p. 2）としている。これらを価値創造ストーリーとして統合するという考えが統合思考である。

　統合思考に基づいて作成される統合報告は，戦略的焦点と将来志向（strategic focus and future orientation），コネクティビティ（connectivity of information），ステークホルダーとの関係性（stakeholder relationships），マテリアリティ（materiality），簡潔性（conciseness），信頼性と完全性（reliability and completeness），首尾一貫性と比較可能性（consistency and comparability）の 8 つの基本原則に則って作成される。これらの原則のうち，CSR 報告書やサステナビリティ・レポートと大きく異なる点は，戦略的焦点と将来志向，マテリアリティおよびコネクティビティにある。戦略的焦点と将来志向とは，戦略が価値創造にどのような影響を及ぼすかである。情報の結合性とは，価値創造に影響を及ぼす要因の関係性である。マテリアリティとは，価値創造に重要な影響を与える事象を提供できているかである。CSR 報告書やサステナビリティ・レポートは，戦略や企業価値への影響ではなく，社会または環境へ影響を及ぼす情報が開示される。一方で，統合報告では，開示する情報が戦略的に重要かどうかに焦点を当てる点に特徴がある。

4.2.3　マテリアリティ

　統合報告は，ステークホルダーに対して，発生確率が高く，価値創造に影響を及ぼす事象を開示することを求めている。図表4.11は，IIRC（2011）

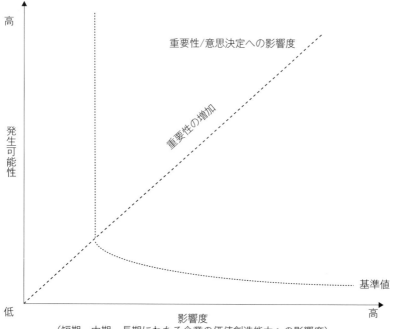

出典：IIRC（2011, p. 28）.

のマテリアリティの分析図である。縦軸は発生可能性，横軸は短期，中期，長期にわたる企業の価値創造能力への影響度である。

　図表4.11に，企業の課題をプロットすることで，価値創造への影響度と発生可能性の高い課題を特定することができる。発生可能性と価値創造への影響度の基準値を超えた事象は，リスクが高い事象である。つまり，マテリアリティを分析することで価値創造に影響を及ぼすリスクが明らかになる。

4.2.4　作成組織

　アニュアル・レポートは，IR 室が中心となって作成される。その開示内容は，財務情報が中心で，主として株主に向けた報告書となっている。また企業は，GRI が GRI ガイドライン第 1 版を発表した2000年以降，CSR 報告書や環境報告書を通じて ESG 情報を開示しようとしてきた。CSR 報告書や環境報告書は，非財務情報が中心で，主として CSR 室が作成する。統合報告は，従来の報告書では結合されてこなかった財務情報と非財務情報を統合するものである。統合報告の特徴は，企業の持続的な価値創造および戦略に関わる重要な情報を開示することである。したがって，統合報告書の作成組織は，Kaplan and Norton（2006）が提唱する戦略を管理する戦略管理オフィス（office of strategy management）が望ましい。戦略管理オフィスは，戦略の立案だけでなく戦略の進捗も管理する組織である。戦略管理オフィスを設置していない企業の場合は，戦略を立案する戦略企画室が主導となって作成することが望ましいと考えられる。

　しかし，KPMG（2018）の調査によれば，統合報告発行企業341社中，戦略企画室が作成している企業は，41社（12%）と非常に少ない。その他の作成組織は，IR 室が57社（16.7%），広報室・IR 室が55社（16.1%），広報室が47社（13.7%），CSR 室が41社（12%），広報室・CSR 室が10社（2.9%），IR 室と CSR 室が 7 社（ 2 %）となっている。つまり，半数近い171社（49.9%）は IR 室や CSR 室で作成している。

　統合報告書の作成組織によって，マテリアリティの評価基準が異なる可能性がある。たとえば，IR 室が作成した場合，アニュアル・レポートで開示されるような株主価値への影響を重視すると考えられる。また，CSR 室が作成した場合，ISO26000や GRI の G 4 といったサステナビリティ・レポートで開示される環境や社会への影響を重視すると考えられる。KPMG

（2018）の調査でも，マテリアリティの評価基準を開示している119社中，経営全般に関する事象を評価対象とする企業は45社（38%）で，CSR に関する事象を評価対象としている企業は74社（62%）となっている。現状は，経営全般に関わる事象が少なく CSR に関わる事象に偏っており，IIRC（2011）で述べられているマテリアリティとは大きく異なっている。

4.2.5　基本概念

　統合報告には，価値創造，資本，価値創造プロセスからなる3つの基本概念（fundamental concept）がある（IIRC，2013，pp. 11-16）。ここでは，3つの基本概念を整理し検討する。

(1)　価値創造
　統合報告における価値創造は，「企業の事業活動とアウトプットによって資本の増加，減少，変換をもたらすプロセス」（IIRC，2013，p. 38）と定義されている。統合報告における企業価値は，ステークホルダー価値である。企業価値を財務資本提供者への財務リターンにつながる自身に対して創造される価値とステークホルダーに対して創造される価値の2つの分類している。2つの価値は，ステークホルダーに対する価値が自身の価値へ影響を及ぼすという関係がある。IIRC（2013，p. 11）では，財務資本提供者は，組織自身に対して創造される価値に関心を持っており，ステークホルダーに対する価値が組織自身の価値へ影響を及ぼす場合に関心を持つと述べている。

(2)　資本
　統合報告では，財務資本，製造資本，知的資本，人的資本，社会・関係資本，自然資本の6つの資本が示される。財務資本は資金である。製造資本は建物や設備からなる。つまり，財務資本と製造資本は従来のアニュアル・レ

136

ポートで報告されてきた資産である。知的資本には，オンバランスされる知的財産のほかに，企業に存在する暗黙知やシステムなどが含まれる。人的資本は従業員のノウハウ，スキル，経験からなる。社会・関係資本は，ステークホルダーとの関係性に焦点が当てられており，企業とステークホルダーの共通の価値やステークホルダーとの対話，ブランドやレピュテーションからなる。自然資本は，製品やサービスを提供するための環境資源である。知的資本，人的資本，社会・関係資本は，企業内部に存在する希少性，模倣困難性，非代替性をもつ価値ある資源であるインタンジブルズである（伊藤，2016）。つまり，インタンジブルズも資本に含めていることに特徴がある。

(3)　価値創造プロセス

　価値創造プロセスは，これらの6つの資本がビジネス・モデルを通じていかに価値を創造するかを示すものである。IIRC（2013，p. 15）では，オクトパスモデルと呼ばれる価値創造プロセスを提唱している（図表4.12参照）。

　図表4.12によれば，企業価値である6つの資本の期首と期末の価値創造に影響を及ぼす項目として，組織概要と外部環境，ガバナンス，ビジネス・モデル，リスクと機会，戦略と資源配分，実績，見通しを示すように提案している。

　組織概要と外部環境は，企業のミッションやビジョンを特定し，外部環境に及ぼす影響と被る影響を示す項目である。ガバナンスは，価値創造能力をどう支えるかという項目である。ビジネス・モデルとは，「企業が戦略目的を達成し，短期，中期，長期の価値創造のために，事業活動を通じて，インプットをアウトプットおよびアウトカムに変換するプロセス」（IIRC，2013，p. 28）である。リスクと機会は，自社を取り巻く外部環境を示す項目である。戦略と資源配分は，戦略，戦略目標および戦略を実行するための資源配分を示す項目である。実績は，戦略目標をどの程度達成できたか，また，ビジネス・プロセスが6つの資本にどのような影響を及ぼすかを示す項目であ

図表4.12　オクトパスモデル

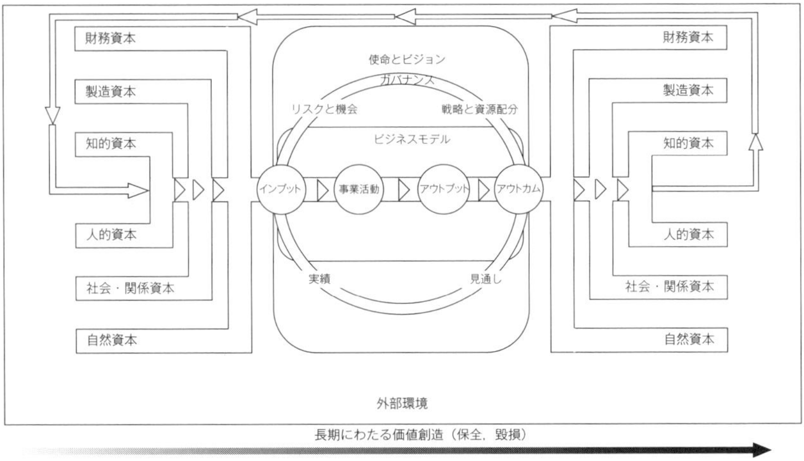

財務資本
製造資本
知的資本
人的資本
社会・関係資本
自然資本

使命とビジョン
ガバナンス
リスクと機会　　戦略と資源配分
ビジネスモデル

インプット　事業活動　アウトプット　アウトカム

実績　　　　　見通し

財務資本
製造資本
知的資本
人的資本
社会・関係資本
自然資本

外部環境

長期にわたる価値創造（保全，毀損）

出典：IIRC（2013, p. 15）.

る。見通しは，戦略実行にあたって，どのような課題や不確実性に直面する
か，また，その結果として将来どのような影響を及ぼすかを示す項目である。
　組織概要と外部環境で示されるミッションやビジョンを価値創造の前提と
して，その下で過去の企業価値がビジネス・モデルを通じて，戦略による資
源配分によってリスクや機会がどのように変化して実際の業績が達成された
り，将来の見通しを予測したりして，将来の企業価値がどのようになるのか
を可視化するのが価値創造プロセスである（伊藤，2016）。
　要するに，統合報告は短期，中期，長期にわたる価値創造を開示すること
でステークホルダーとのコミュニケーションを図ることを目的とする。この
オクトパスモデルは，6つの資本がビジネス・プロセスを通じてどのように
ステークホルダー価値を創造するのかを示すものである。

4.2.6　統合報告における価値創造プロセスの３つのタイプ

　統合報告では，価値創造プロセスをオクトパスモデルで開示することを推奨しているが，強制適用ではないため，企業はさまざまな価値創造プロセスで自社の活動を開示している。伊藤（2016）は，わが国の統合報告をもとに，価値創造プロセスの可視化の３つのタイプを明らかにした。３つのタイプとは，戦略マップ・タイプ，オクトパスモデル・タイプ，その他の価値創造プロセスである。

　戦略マップ・タイプは，Kaplan and Norton（2004）の戦略マップを基礎としたものである。戦略マップは，価値創造プロセスであると同時に戦略を可視化したものである（伊藤，2016）。戦略マップ・タイプの特徴は，戦略目標を羅列するのではなく，戦略目標間の因果関係によって価値創造プロセスを可視化することである。つまり，戦略マップ・タイプは，戦略目標の因果関係で戦略を示すことができる。

　オクトパスモデル・タイプは，統合報告で推奨されているオクトパスモデルによって価値創造プロセスを開示するタイプである。つまり，期首の資本をインプットして，ビジネス・プロセスによって変換されたアウトプットを管理し企業価値が創造されるモデルである。伊藤（2016）は，ケースを取りあげてオクトパスモデルについて検討している。その結果，事業活動と企業価値との関係性が明確でない，企業戦略が示されていない，戦略を実行した結果６つの資本にどう影響するかが明確でないといった課題がある。

　その他の価値創造プロセスは，オクトパスモデルによる価値創造プロセスの可視化が困難であると考えて，企業が独自に作成したものである。伊藤（2016）は，リコーとオムロンのケースを取りあげている。リコーの価値創造プロセスは，IIRC に準拠した５つの資本をバリュー・ドライバーに投入して企業価値を創造するというものである。このバリュー・ドライバーは，

リコーウェイと呼ばれるミッションとコーポレート・ガバナンスの下で，新規事業の確立と基盤事業の強化を推進するものである。アウトプットとして創出される企業価値をお客様価値，株主価値，従業員価値，社会的価値で表現しており，オクトパスモデルの6つの資本とは異なる。この企業価値は，IIRCよりも踏み込んだ形で，リコーとしてのステークホルダー価値を明らかにしている（伊藤，2016）。

　オムロンの価値創造プロセスは，ビジネス・モデルが可視化されている。社会的課題を解決するために，オムロンの各事業を通じて，BtoCまたはBtoBのユーザー（消費者）に価値を提供できるかを示している。オムロンは，事業ごとに事業戦略を開示している。企業戦略ではなく一歩踏み込んで事業戦略を置きらかにしている点では，これまでの統合報告書にはない深堀した開示となっている（伊藤，2016）。

　企業が実際に統合報告で開示している価値創造プロセスには，3つのタイプがあった。オクトパスモデル・タイプは，戦略と価値創造の関係を示していないという課題があった。この原因として，オクトパスモデルが概念的でわかりにくいことが考えられる。オクトパスモデルに準拠したとしても，IIRC（2013）のオクトパスモデルの記述に捉われて，業種や業態が異なるのにもかかわらず他社と似通ってしまう可能性がある。価値創造プロセスは，企業価値をどのように創造するかという戦略を記述するものであり，戦略に基づいて価値創造プロセスを構築すれば，自ずと二つとないものになる。つまり，他社と価値創造プロセスが似通っているという要因には，企業独自の戦略と価値創造プロセスが結びついていないことが考えられる。

　一方で，戦略マップ・タイプは，戦略目標を因果関係で結ぶことで戦略を可視化することができる。つまり，戦略マップは，戦略を可視化したものであると同時に価値創造プロセスである。加えて，オクトパスモデルは，インタンジブルズが示されているものの企業価値との因果関係が必ずしも明確でない。戦略マップは，インタンジブルズを企業価値創造の出発点として，イ

ンタンジブルズと企業価値の因果関係を明確に示すことができる。

　要するに，統合報告は，伝統的な財務諸表では開示されてこなかったインタンジブルズを価値創造プロセスの中で記述することで，ステークホルダーとのコミュニケーションを図ることができる。オクトパスモデルよりも戦略マップで価値創造プロセスを示すことで，インタンジブルズと企業価値の因果関係が明らかになる。また，戦略と価値創造プロセスを結びつけることができる。

4.3　ケース・スタディ

　本節では，価値創造とコミュニケーションのために統合報告書を戦略マップで開示しているエーザイ株式会社（以下，エーザイ）のケースを取りあげる。

4.3.1　リサーチサイトの概要

　エーザイは，主にニューロロジーと呼ばれる神経領域とオンコロジーと呼ばれるがん領域の二大領域の医薬品の研究開発，製造，販売および輸出入を行う企業である。全世界に製造拠点，研究拠点および営業拠点を持つグローバル企業である。2016年度の売上高は6,003億円，営業利益は711億円，当期純利益は544億円である。売上高に対する研究開発費率は，23.2％と高く，医薬品業界の特徴を表している。連結従業員数は10,456人で，そのうちの52.1％の5,443人は外国人である。

　同社は，2016年より中期経営計画「EWAY2025」を開始した。「EWAY2025」は，①「病気になりたくない，患っていれば早く知りたい，そして治りたい」に応える，②「住み慣れた場所，地域やコミュニティで自分の病気

を管理し，予後[4]や老後を安心して過ごしたい」に応える，③「*hhc*（ヒューマン・ヘルスケア）ニーズに基づく立地（機会）が見出せ，それを満たすイノベーションが可能な事業分野」に集中するという３つのテーマからなる。①と②は，顧客ニーズの充足を目指すテーマであり，③はそのためにエーザイが行う事業活動を示している。エーザイは，事業機会のことを「立地」と呼んで，重要課題と位置づけている。神経とがんの２大領域において，真の患者様ニーズが満たされておらず，かつエーザイがフロントランナーとなり得る機会，すなわち「立地」を見出すことが重要である（エーザイ，p. 2017）と考えている。

4.3.2 エーザイの統合報告書

エーザイは，*hhc*（ヒューマン・ヘルスケア）理念と呼ばれる企業理念を定款に定めている。*hhc* 理念は，「患者様とそのご家族の喜怒哀楽を第一義に考え，そのベネフィットに貢献する」（エーザイ，2017，p. 4）ことである。エーザイ（2017，p. 5）によれば，エーザイは患者への貢献といった社会価値だけでなく，経済価値も同時に実現する CSV の考えに近いという。一方で，同社の企業価値は，社会価値を高めることで経済価値を実現するという因果関係を想定している（図表4.13参照）。伊藤・西原（2017）によれば，こうした考えは CSV とは少し異なり，CSR の結果として経済価値を追求する CSR と経済価値の和集合に近い概念である。このような企業価値に基づく社会価値と経済価値の因果連鎖が，戦略目標の因果連鎖を示す戦略マップの概念に近い。そこで，エーザイは価値創造プロセスを戦略マップで示している（エーザイ，2017，p. 10）。

同社のマテリアリティは，図表4.14のマテリアリティ・マトリックスと呼

---

4) 予後とは，病気の経過についての医学的な見通しのことである。

図表4.13　企業理念に基づく企業価値の因果関係

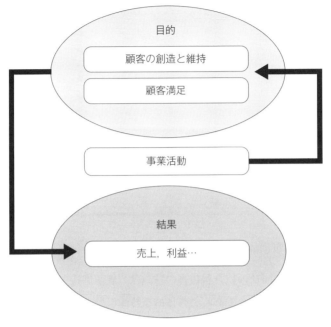

出典：エーザイ（2017，p. 11）。

ばれるマトリックス図を用いて，取り組むべき重要課題を示している。マテリアリティ・マトリックスは，縦軸に長期投資家にとっての関心，横軸に同社の事業へのインパクトをとり，「強い」から「非常に強い」までの尺度で重要課題を示している。

　戦略マップ構築には，戦略的に重要な戦略目標の設定が必要になる。同社では，図表4.14の長期投資家にとっての関心が非常に高い重点課題を中心に戦略目標を設定し，戦略マップで価値創造プロセスを示している。

　同社の価値創造プロセスは，IIRC のフレームワークに準拠した6つの資本をビジネス・プロセスに投入して，戦略マップで資本をどのように企業価値へ変換するのかを示し，最終的に企業価値として6つの資本が創造される

図表4.14　マテリアリティ・マトリックス

出典：エーザイ（2017, p. 3）。

形となっている。同社の統合報告書の特徴は，価値創造プロセスに準拠した形で作成されていることである。具体的な特徴には，次の2点がある。第1に6つの資本を基礎に作られている点，第2にビジネス・プロセスを戦略マップで示し，戦略目標を記述しているページを示している点にある。

　まず第1の特徴について述べる。同社の統合報告書は6つの資本ごとに，所有している資本，目標や目標を達成するための取り組みが詳細に書かれている。

　財務資本は，CFOのメッセージで記述されており，ROEを15％に押し上げることを中期経営計画の最終目標としている。

　製造資本は，グローバルな生産体制である。同社は，日本だけでなく，アメリカ，イギリス，中国，インド，インドネシアに製造拠点を持つ。

　知的資本は，統合報告の20頁にもわたって詳細に記述しており，他の資本より詳しい。具体的には，ニューロロジーとオンコロジーの二大領域におけるプロジェクト計画および開発状況が示されている。プロジェクト計画では，

144

同社が強みとする有機合成化学力，自社プロダクト力に基づいたプロジェクト計画が示されている。開発状況は，フェーズⅠからフェーズⅢ，申請および承認の５段階で示されている。また，他者との共同開発の医薬品については，共同開発および共同販促契約についてのオプション権をどちらが有しているかを示している。

　人的資本は，「グローバルタレントマネジメントポリシー」と呼ばれる *hhc* 理念に基づいた人材の育成，登用，採用，職場風土の構築を目指している。エーザイでは，人材育成プログラムの構築，コンプライアンスによる人権の保護，働き方改革をはじめとする職場環境の整備を行っている。

　社会・関係資本は，社会貢献活動，パートナーシップ展開からなる。社会貢献活動では，疾病の予防と治療に関する研究に対して助成金を出すことで医療の発展に貢献している。また，同社の製品を利用する患者や医療関係者に対して，「エーザイ *hhc* ホットライン」を開設し，製品使用の不安を解消し，適正使用を促している。パートナーシップの展開では，開発中の製品がどの企業と開発しているか，また提携内容を一覧で示している。

　自然資本は，地球環境に配慮した事業活動として ISO14001 に基づく活動を行っている。具体的には，CO_2 と水使用量の削減を掲げ，環境効率性の指標の一つである，CO_2 排出量あたりの売上収益を示している。

　次に，第２の特徴であるエーザイの戦略マップについて説明する（図表4.15参照）。同社の戦略マップは，戦略目標ごとにページ数が書かれており，具体的な活動がわかるように作られている。エーザイの戦略マップは，学習と成長の視点にイノベーションや顧客価値の向上に影響を及ぼすインタンジブルズとして，組組織資産である「*hhc* 理念の浸透」，「*hhc* 理念の浸透」によって高められる人的資産である「グローバルリーダの育成とプロフェッショナルとしての活躍支援」が置かれている。「グローバルリーダの育成とプロフェッショナルとしての活躍支援」は，内部ビジネス・プロセスの視点のイノベーションに関わる「革新的な製品の創出」や顧客との関係性に関わ

図表4.15　エーザイの戦略マップ

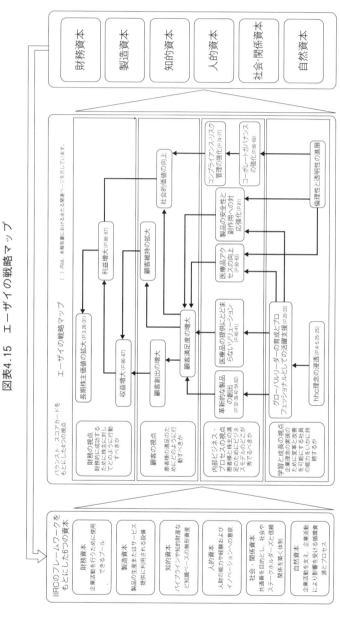

出典：エーザイ（2017, pp. 10-11）。

る「医薬品の提供にとどまらないソリューションの提供」,「医薬品アクセスの向上」, 医薬品の品質に関わる「製品の安全性と副作用への対応策」に影響を及ぼす。そして, これらの戦略目標は, 顧客の視点の「顧客満足度の増大」を通じて, 最終的に,「長期株主価値の拡大」に影響を及ぼす。

　また, 学習と成長の視点の「倫理性と透明性の進展」は, 経営の透明性を高めるガバナンス体制を構築する組織資産である。「倫理性と透明性の進展」は, 内部ビジネス・プロセスの視点の「コンプライアンス・リスク管理の強化」によって,「社会的価値の向上」に影響を及ぼす。最終的には,「社会的価値の向上」が財務の視点の「長期株主価値の拡大」に寄与する。

　以上のように, 同社の統合報告は, 価値創造プロセスに基づいて作成されている。価値創造プロセスに基づいて統合報告書を作成しているので, 価値創造についてわかりやすい報告書になっている。特に, 6つの資本ごとに企業活動を説明している点や戦略マップを用いて戦略目標の因果関係を示し, ページ数を示している点といったように価値創造プロセスを理解するめにはどこを読むべきかが示されている。

4.4　考察

　本節では, エーザイの統合報告について検討する。同社の統合報告には, 戦略テーマに関わる課題, マテリアリティに関わる課題, 報告書の作成者に関わる課題の3つが考えられる。それぞれ順に検討する。

4.4.1　戦略マップに関わる課題

　第1の戦略マップに関わる課題には, 卓越した業務の戦略テーマおよび顧客の視点に関する戦略目標の欠如という2点がある。それぞれの課題を掘り

下げて検討する。

　まず，卓越した業務の戦略テーマの欠如について検討する。エーザイの戦略マップは，内部ビジネス・プロセスの視点を見ると製品リーダーシップ，顧客関係性重視および社会と規制の３つの戦略テーマからなる。内部ビジネス・プロセスに示されている「革新的製品の創出」は，製品リーダーシップに関わる戦略目標である。「革新的製品の創出」については，主に知的資本の項目で記述しており，ニューロロジーとオンコロジーの２大領域における新薬の開発状況に関する戦略目標である。医薬品業界では，新薬の開発は事業の中核である。

　「医薬品の提供にとどまらないソリューションの提供」と「医薬品アクセスの向上」は，顧客関係性重視に関する戦略目標である。具体的には，開発途上国，新興国の貧困層を対象に，フィラリア治療薬を約11億錠提供している。これらは一般的な寄付とは異なり，中間所得者層の拡大とブランドの構築を目指している（エーザイ，2017，p. 63）。つまり，医薬品の無償配布によって，新規顧客の開拓につなげようとしている。

　「製品の安全性と副作用への対応強化」，「コーポレート・ガバナンスの強化」および「コンプライアンス・リスク管理」の強化は，社会と規制に関わる戦略目標である。「製品の安全性と副作用への対応強化」は，医薬品のリスクとベネフィットに関する情報を医療従事者や患者に公表することで製品の適切な使用を促すものである。「コーポレート・ガバナンスの強化」および「コンプライアンス・リスク管理」は，ガバナンス体制を確立させ，製品の安全リスク，災害リスク，環境リスクおよび財務報告リスクといったさまざまなリスクに対応するための戦略目標である。

　戦略マップは，製品リーダーシップ，顧客関係性重視，卓越した業務，社会と規制の４つの戦略テーマをバランス良く設定することが望ましい（Kaplan and Norton，2004，p. 80）。しかし，上述したように，同社の戦略マップは，卓越した業務の戦略テーマに関する戦略目標が欠如している。貧困層

向けに大量の医薬品を無償配布している同社にとって，生産効率の向上といった卓越した業務は重要な戦略テーマである。

　同社の中期経営計画である「EWAY2025」では，5つのコア・アプローチとして，「ビジネスの効率性・生産効率の向上を図る」と掲げている[5]。そのために，開発からコマーシャルまで一貫して行う新たなビジネスグループを構築している（エーザイ，2017，p. 19）。その他にも，同社は，生産性向上を一つの目標として働き方改革を推進している（エーザイ，2017，p. 23）。統合報告書の社会・関係資本の項目では，効率性・生産性を高める手段として，パートナーシップの構築を掲げている（エーザイ，2017，p. 23）。

　このように，同社では，卓越した業務を無視しているわけではなく，中期経営計画の中で重要な事象としてあげており，むしろ積極的に取り組んでいる。加えて，統合報告書の中でも卓越した業務に関する取り組みについて記述している。効率性の向上や生産性の向上といった卓越し業務に関する戦略目標は，財務業績に影響を及ぼす重要な戦略目標である。したがって，戦略マップに記述することで，ステークホルダーは，より価値創造プロセスを理解することができる。

　次に，顧客の視点の欠如について検討する。同社の戦略マップは，顧客の視点に「顧客創出の増大」，「顧客満足度の増大」，「顧客維持の拡大」および「社会的価値の向上」の4つの戦略目標が設定されている。エーザイの使命は，患者満足の増大である（エーザイ，2017，p. 3）ことに鑑みれば，顧客の視点は重要である。しかし，統合報告書の中で，他の戦略目標は記述されているページ数が示されているが顧客の視点に関する戦略目標には記述されていない。

　顧客満足に関する記述は，ソリューション事業の説明の中にある（エーザイ，2017，p. 41）。ここでは，公益財団法人ヒューマンサイエンス振興財団

---

5)　https://www.eisai.co.jp/company/glance/index.html（2018年6月22日アクセス）。

による60疾患に対する治療満足度，薬剤貢献度のアンケート調査の結果が掲載されている。この記述は，あくまでも，調査結果なので将来目標は書かれていない。また，この調査は，医療従事者を対象とした調査である。同社の製品を購入するのは，医療従事者であるが，実際に使用する患者の満足度調査も必要である。

　同社の戦略マップでは，顧客の視点の戦略目標が設定されているのにもかかわらず，統合報告書の中では，「顧客満足度の増大」についてしか触れられていない。「顧客満足度の増大」の結果，どれだけ顧客を創出できるのか，また維持できるのかに関する記述をすることで，より理解しやすい統合報告書となる。

4.4.2　マテリアリティの考え方

　第2の課題は，長期投資家にとっての関心でマテリアリティを捉えていることである。IIRC（2011）では，発生可能性と価値創造への影響度の2軸でマテリアリティを分析することを推奨している。一方で，エーザイでは，発生可能性ではなく長期投資家にとっての関心でマテリアリティを分析している。そのため，何が価値創造に影響を及ぼす発生可能性の高いリスクなのか，どのように管理しているのかを開示できていない。

　リスクは，BSC を通じて，管理することができる（南雲，2006；Kaplan，2009）。南雲（2006）は，従来型 BSC のリスク管理のアプローチとして，KPI の KRI 的な活用，アクションプランの実行プロセスにおけるリスク管理，リスク管理の戦略テーマ化，リスク関係部署の BSC を通じたリスク管理をあげている。そして，これらのアプローチと内部統制の枠組みである COSO（2004）の COSO ERM と BSC とを統合した COSO ERM 統合型 BSC を提唱した。COSO ERM 統合型 BSC は，まず，戦略マップの各視点にリスク管理を視野に入れた KPI を設定する。たとえば，学習と成長の視

点には，他の 3 つの視点でリスク管理を実施するうえで必要なインタンジブルズのレディネスが設定される（南雲，2006）。次に，戦略テーマごとのリスク管理に沿って戦略目標を設定する。最後に，戦略管理オフィスが戦略面を，リスク管理部がリスク面をモニタリングし，内部監査部が両者の相互牽制が働いているかどうかを検証する。従来の BSC では，リスクの優先度を評価するプロセスが欠落しており，そのようなプロセスが必要である（南雲，2006）。

　リスクの評価プロセスに焦点を当てたのが，Kaplan（2009）である。Kaplan（2009）は，戦略マップにリスクを取り込むのではなく，戦略目標達成を妨げるリスクをリスク・スコアカードで管理できるという。リスク・スコアカードは，事象の発生可能性と重要度を 1 から 5 点で点数づけする。たとえば，「戦略的職務群のレディネス達成」という戦略目標の場合，この戦略目標にかかるリスクとして離職率や効果のない訓練計画があげられる。このリスクをリスク・スコアカードで点数化する。そして，発生可能性と重要度の点数を掛け合わせたヒートマップスコアを求め，スコアが15点以上のリスクを軽減または予防する実施項目に優先的に資金配分を行う必要がある（Kaplan，2009）。同社は，価値創造に影響を及ぼす発生可能性の高いリスクを開示できていないため，南雲（2006）の COSO ERM 統合型 BSC のように，戦略マップでリスクを開示する必要がある。また，リスクのマテリアリティ評価については，Kaplan（2009）のリスク・スコアカードを作成してヒートマップスコアを算定することで，リスクの優先順位をつけることができる。

　ところで，エーザイの長期投資家にとっての関心事を軸にして分析されたマテリアリティの高い事象を戦略目標としている点は非常に興味深い。このように戦略目標を設定することで長期株主投資家の価値を反映した戦略マップとなっている。戦略目標をどのように設定しているかを開示することで，ステークホルダーは戦略目標の重要性を理解することができる。同社は，

「全てのステークホルダーズの皆様の長期の利益を創出することを前提としたうえで，長期投資家の利益につながる関心事を特定し，優先的に取り組むことが企業価値最大化への最短距離」（エーザイ，2017，p. 3）と考えている。そして，同社の戦略マップも長期投資家にとっての関心が非常に高い課題を戦略マップに戦略目標として設定している。内部ビジネス・プロセスの視点の全ての戦略目標は，長期投資家にとって関心の高い事象である。しかし，ステークホルダー価値を創造することが長期投資家の利益につながるかという前提が成立するかどうかは戦略マップだけでは明らかではない。そこで，長期投資家だけでなく全てのステークホルダーの関心事で価値創造に関するマテリアリティを捉えるべきである。

4.4.3　統合報告書の作成組織

　第3の課題は，統合報告書の作成組織に戦略企画室が参加していないことである。伊藤・西原（2016）の調査によれば，エーザイの統合報告書は，IR 部，PR 部，総務環境安全部の3つの組織によって作成されている。エーザイは，2014年度版は IR 部がアニュアル・レポートとして統合報告書を作成しており，2015年度からは，ESG 情報の E（Environment）を担当する総務環境安全部と S（Social）を担当する PR 部と共同で統合報告書を作成している（伊藤・西原，2016）。つまり，エーザイの統合報告書は，株主価値，環境価値，社会価値に関する報告書を担当する3つの部署によって作られている。統合報告書を職能横断的な組織で作成している点は，非常に優れていると言える。

　統合報告の情報を完全なものにするためには，組織内のさまざまな部署をつなげることが前提条件となる（WICI，2013）。つまり，関連する部署が全て関わって統合報告書を作成することが望ましい。同社では，株主価値に詳しい IR 部と非財務指標に詳しい総務環境安全部と PR 部が参加しているが，

戦略を担当する部署が参加していない。これらの異なる情報に一貫性をもたせるためには，戦略に基づく記述が非常に重要となる。特に，価値創造プロセスは，戦略そのものを表している。戦略を策定する戦略企画室が主導して作成することで戦略に沿った一貫性のある統合報告書を作成することができる。

　さらに，戦略企画室を巻き込むことで，構築した価値創造プロセスを企業内部つまり，戦略管理に使える可能性がある。なぜならば，同社は，価値創造プロセスを戦略マップで示しているからである。戦略企画室が主導となって戦略マップを作成することで，第3章で検討したように，全社および事業部の戦略目標が明確になり戦略管理に用いることができる。

まとめ

　本章では，インタンジブルズ・マネジメントにおける価値創造の役割について検討した。先行研究のレビューから持続的な価値創造のためには，ステークホルダー価値の創造を目指すバリュー・ドライバータイプが有用であることを明らかにした。そして，この価値創造プロセスに該当する統合報告のオクトパスモデルは，企業がどのように価値創造するかだけでなく，価値創造プロセスを開示することでステークホルダーとのコミュニケーションに役立つものであった。しかし，オクトパスモデルは，価値創造プロセスの因果関係が明確でない。そこで，価値創造プロセスを戦略マップで開示しているエーザイの統合報告書を取りあげ，インタンジブルズ・マネジメントおける価値創造とコミュニケーションについて検討した。

　検討の結果，同社の統合報告には3つの課題があることが判明した。第1の課題は，戦略マップに卓越した業務の戦略テーマの戦略目標と顧客の視点に関する戦略目標が欠如していることである。同社の統合報告では，卓越し

た業務に関する情報が多数見受けられる。したがって，その情報を戦略マップに取り込む必要がある。また，医療従事者の満足度に関する情報は記述されていたが，顧客の視点に関する戦略目標がない。これも戦略マップで示す必要がある。加えて，医療従事者の満足度だけでなく，同社の医薬品を実際に使用する患者満足度を測定する必要がある。

第2の課題は，マテリアリティの考え方である。同社では，発生可能性ではなく，マテリアリティを長期投資家にとっての関心で捉えている。つまり，発生可能性が高く価値創造に影響を及ぼすリスクが明らかにされない。そこで，Kaplan（2009）のリスク・スコアカードを用いてリスクの優先順位をつけるべきである。そして，優先順位の高いリスクについては，南雲（2006）のCOSO　ERM統合型BSCのように，リスク管理を戦略マップに取り込むべきである。

また，長期投資家にとっての関心で捉え戦略目標としている点は，新しい知見である。しかし，長期投資家に限定するのではなく，ステークホルダー全体に影響を及ぼす課題を特定し，戦略マップに反映させるべきである。

第3の課題は，統合報告書の作成組織に戦略企画室が参加していないことである。同社は，財務指標に詳しいIR室，非財務情報に詳しい総務環境安全部およびPR部が統合報告書を作成している。統合報告は，価値創造や戦略に関する情報からなる。したがって，戦略を策定する戦略企画室が主導することで，戦略に沿った一貫した情報をステークホルダーに提供することができる。さらに，価値創造プロセスを戦略マップで作成している場合，戦略企画室が主導になることで戦略管理にも有用な戦略マップになる可能性がある。

第5章

インタンジブルズ・マネジメントの統合化

はじめに

　これまで，コミュニケーション，戦略管理，価値創造というインタンジブルズの測定の 3 つの役割についてそれぞれ検討してきた。第 2 章では，コミュニケーションと戦略管理について検討し，コミュニケーションの結果を企業内部へ取り込んで，戦略修正に役立てることを提案した。第 3 章では，戦略管理と価値創造について検討し，価値創造プロセスの可視化を通じた戦略管理の重要性を明らかにした。第 4 章では，価値創造とコミュニケーションについて検討した。それぞれの役割を検討した結果いえることは，インタンジブルズの重要性が高まる昨今において，コミュニケーション，戦略管理，価値創造は，企業が取り組むべき重要なテーマであるということである。

　コミュニケーション，戦略管理，価値創造のそれぞれに共通している究極的な目的は，インタンジブルズ・マネジメントによる企業価値の創造である。それにもかかわらず，これまでインタンジブルズを測定する 3 つの役割を統合する研究は行われてこなかった。

　本章の目的は，統合報告を基礎として，インタンジブルズの測定のコミュニケーション，戦略管理，価値創造からなる 3 つの役割に関わるインタンジブルズ・マネジメントを統合することである。第 1 節では，インタンジブルズ・マネジメントを統合する必要性について述べる。第 2 節では，統合化において，中核的な概念となる統合思考，コネクティビティ，マテリアリティについて述べる。第 3 節では，コミュニケーション，戦略管理，価値創造に取り組むケースを紹介する。第 4 節では，インタンジブルズ・マネジメントの統合化を提案する。最後に，本章の発見事項をまとめる。

5.1 インタンジブルズ・マネジメントの統合化の必要性

本節では，インタンジブルズ・マネジメントの統合化の必要性について述べる。まず，これまで検討してきたインタンジブルズの測定の役割であるコミュニケーション，戦略管理，価値創造について整理する。そして，統合化の必要性と論点を明らかにする。

5.1.1 インタンジブルズの測定の役割

本書では，これまで第2章から第4章で議論してきたインタンジブルズの測定の役割には，コミュニケーション，戦略管理，価値創造の3つがある。これらの役割は，インタンジブルズ・マネジメントを通じた短期，中期，長期的な企業価値の創造に寄与する。

コミュニケーションは，企業内外にインタンジブルズ情報を開示することで，ステークホルダーとの対話を図るという役割がある。企業価値の源泉が有形資産からインタンジブルズへ移行したことにより，財務報告ではオンバランスされないインタンジブルズ情報の開示の重要性が高まった。企業は，ステークホルダーに対してインタンジブルズ情報の開示までも求められるようになってきた。そして，インタンジブルズ情報の開示によるコミュニケーションに向けた研究やガイドラインが登場している。

このような研究には，Blair and Wallman（2001），Lev（2001）があり，ガイドラインには，スカンディア・ナビゲーター，MERITUM ガイドライン，デンマーク知的資本報告書，知的資産経営の開示ガイドラインがある。

Lev（2001）やスカンディア・ナビゲーターは，インタンジブルズとインタンジブルズによって生み出される成果を識別し，どのように戦略を実行するかという点に焦点を当てている。一方，MERITUM ガイドライン，デン

マーク知的資本報告書，知的資産経営の開示ガイドラインは，戦略実行のために，重要なインタンジブルズを管理することに焦点を当てている。

　MERITUM，デンマーク知的資本報告書，知的資産経営の開示ガイドラインは，コミュニケーションだけでなく戦略管理にまで拡張したと言える。第 2 章で検討したように，厳密には，戦略管理を策定（plan），実行（do），検証（check），修正（action）として捉えれば，戦略の検証と修正について言及したものはなかった。コミュニケーションと戦略管理を結びつけるには，ステークホルダーからのコミュニケーションの結果を戦略へ利用する情報利用（伊藤・西原，2016）が重要となる。

　戦略管理では，戦略とインタンジブルズを結びつけてマネジメントすることが重要となる。このインタンジブルズは，戦略によってその価値が異なる（Kaplan and Norton，2004，pp. 29-30）ので，戦略と結びつけなければならない。つまり，価値創造のためには，戦略管理の中でインタンジブルズをマネジメントする必要がある。

　Ittner and Larker（2008）は，戦略管理のためにインタンジブルズ情報を分析する重要性を明らかにした。特に，彼らは，戦略は仮説であるとし，実行した結果の戦略の検証と修正に焦点を当てた。一方，Kaplan and Norton（2004）は，バランスト・スコアカード（balanced scorecard: BSC）を提唱した。この BSC は，戦略を可視化するための戦略マップと，戦略目標を測定し，実施項目まで落とし込むスコアカードからなる。戦略マップは，インタンジブルズを企業価値に変換する価値創造プロセスを示すことができる。第 3 章で検討したように，Kaplan and Norton（2004）の BSC は，戦略管理だけでなく，価値創造まで拡張した研究であると言える。戦略管理と価値創造を結びつけるには，価値創造プロセスの可視化が重要となる。

　価値創造とは，戦略と結びつけたインタンジブルズと企業価値とを因果連鎖でつなぐ役割である。価値創造プロセスを明確に提示している研究には，Solomons（1965），Heskett *et al.*（1994），Donovan *et al.*（1998），Boulton *et al.*（2000），Kaplan and Norton（2004），Mckinsey & Company（2010），伊藤・関谷（2016）などがある。これらの価値創造プロセスは，どのような企業価値を志向するのか，企業価値に影響を与える要因はなにかという2軸で分類することができる。

　第1軸のどのような企業価値を志向するのかは，株主志向かステークホルダー志向かに分類できる。また，第2軸の企業価値に及ぼす要因は，構成要素タイプかバリュー・ドライバータイプかに分類できる。第4章で明らかにしたように，価値創造に有用な研究は，Heskett *et al.*（1994），Kaplan and Norton（2004），伊藤・関谷（2016）であり，ステークホルダー志向のバリュー・ドライバータイプである。これらの価値創造プロセスは，インタンジブルズを企業価値の源泉と位置づけている点が共通している。したがって，ステークホルダー志向のバリュー・ドライバータイプは，インタンジブルズ・マネジメントと親和性が高いと考えられる。

　ところで，価値創造研究をコミュニケーションへと拡張した研究として，統合報告のオクトパスモデルがある。すでに第4章で検討したように，オクトパスモデルは，概念が抽象的でわかりづらいために，適切に価値創造を表現できない可能性がある。そこで，価値創造とコミュニケーションを結びつけるには，インタンジブルズと企業価値の因果関係を明確に示すことと価値創造に関わるマテリアリティの可視化が重要となる。

5.1.2　インタンジブルズ・マネジメントの統合化における課題

　持続的な企業価値創造のためには，ステークホルダー全体の価値を考慮した経営が求められる（Freeman *et al.*，2007，p. 15）。企業は経営活動の結果，創造された企業価値を分配するというよりも，経営にステークホルダーを巻き込んで，ステークホルダーと企業価値を共創する必要がある。そのためには，企業の活動，特に経営の方向性を示すビジョン，戦略や価値創造プロセ

スをステークホルダーへ開示することで，企業への理解を求めなければならない。企業価値の源泉であるインタンジブルズは，企業外部ではステークホルダーからの情報ニーズが高く，企業内部では戦略や価値創造に密接に関係する。一貫したインタンジブルズ・マネジメントを行うためには，コミュニケーション，戦略管理，価値創造という測定の役割の統合化が必要不可欠である。

　本研究の主張は，インタンジブルズ・マネジメントの統合化である。インタンジブルズ・マネジメントを統合して始めて，企業価値を最大限に創造できると考えられる。この統合化を行ううえで取り組むべき課題を3点明らかにする。

　第1の課題は，内部情報と外部情報の不整合である。伊藤邦夫他（2012）は，「開示は開示，経営は経営」という割り切り方が経営者の意識に根づいているため，企業活動の実態と開示される情報の整合性が図られていないと指摘する。この情報の不整合という課題は，コミュニケーションと戦略管理に関わる。企業は，情報開示ではなく，ステークホルダーとのコミュニケーションを図らなければならない。開示した結果，ステークホルダーの反応や行動を戦略に取り入れることでコミュニケーションが実現する。そのためには，まず外部向けの情報と内部向けの情報を連携させる必要がある。

　第2の課題は，戦略管理と価値創造の不一致である。戦略管理のためには，インタンジブルズ情報を企業内で共有しなければならない。そのためには，経営者は価値創造に影響を及ぼすインタンジブルズを認識し，価値創造プロセスを可視化する必要がある。PwCが2009年に行った調査によると，CEOが意思決定において必要と感じている情報と実際に入手しているインタンジブルズに関する情報には，大きなギャップがある。組織間のアラインメントが図られていないために，CEOが必要と感じているインタンジブルズ情報を入手できていないという。この組織間の不十分なアライメントという課題は，戦略管理と価値創造にも密接に関わる。戦略管理のためには，戦略上重

要なインタンジブルズ情報が共有しなければ，戦略を検証，修正することができない。したがって，経営者は，企業価値とそのドライバーであるインタンジブルズを価値創造プロセスという形で明確に示すことで，組織内のアライメントを図る必要がある。

　第3の課題は，不十分な情報開示である。伊藤邦雄研究室が情報開示担当者に行った2011年の調査によると，24項目のインタンジブルズ情報のうち，企業がその重要性を認識し，開示している項目は12項目という結果が明らかにされている。重要性を認識しつつも開示されたインタンジブルズ情報は，半分にとどまり，残りの半分は開示されていない現状にある。この重要なインタンジブルズ情報の不十分な開示という課題は，コミュニケーションと価値創造に関わる。インタンジブルズ情報がステークホルダーに適切に開示されていないため，ステークホルダーは企業に対して適切な評価を下すことができない。結果として，企業とステークホルダーは，開示されていないインタンジブズについてはコミュニケーションを図ることができなくなってしまう。また，企業内部でいえば，企業は重要性の高いインタンジブルズを価値創造に関連づけていない可能性がある。このことは価値創造にとって極めて重要である。企業は重要性の高いインタンジブルズをどのように企業価値に転換するかについて明確な価値創造プロセスが必要である。

　要するに，インタンジブルズ・マネジメントの統合化は，組織内のアライメントを図りつつ戦略管理を行い，ステークホルダーに開示する情報と戦略管理に用いる情報の整合性をもった価値創造プロセスを企業内外に示すことで，企業価値創造を目指す考えである。結果として，インタンジブルズ・マネジメントの統合化は，ステークホルダーとのコミュニケーションを図り，戦略管理に役立つ一連のサイクルを生むことができると考えられる。

5.2　インタンジブルズ・マネジメントの統合化における論点

　統合報告は，企業外部とのコミュニケーションによってステークホルダー・エンゲージメントの確立と企業内部の経営に役立てようとする狙いがある。企業外部と企業内部の両側面への役立ちがある統合報告は，インタンジブルズ・マネジメントの統合化の基礎になると考えられる。

　そこで，本節では，統合報告を基礎としたインタンジブルズ・マネジメントの統合化において鍵となる統合思考，コネクティビティ，マテリアリティの3つの概念を整理する。

5.2.1　統合思考

　統合報告が求められる背景には，財務偏重の情報開示（内山，2014），企業価値や価値創造プロセスを断片的に報告することによる報告先，事業活動や経営管理のサイロ化がある（内山，2015）。このような問題に取り組むためには，統合報告の基礎となる統合思考が鍵となる。統合思考とは，「企業内のさまざまな事業単位および機能単位と，企業が利用し影響を与える資本との間の関係について，企業が能動的に考えることである。統合思考は短，中，長期の価値創造を考慮した，統合的な意思決定と行動につながる」（IIRC，2013，p. 2）という考えである。

　図表5.1は，上妻（2012）による統合報告のコンセプトの整理である。統合報告のコンセプトは，過去の実績，ビジネス・モデル，戦略，ガバナンス，将来の見通し（短期，中期，長期）といった事業活動に関する情報と財務的資本，実物資本[1]，人的資本，知的資本，自然資本，社会資本との関係性を

---

1)　製造資本のことである。

図表5.1　統合報告のコンセプト

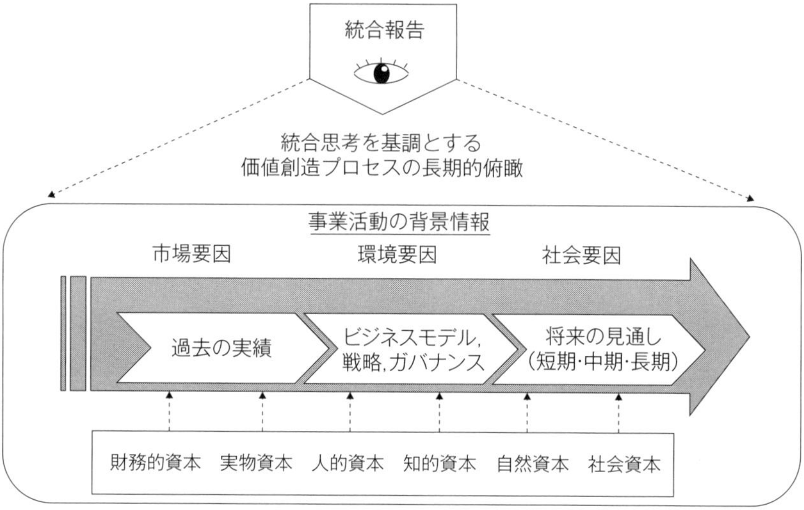

出典：上妻（2012, p. 109）。

事業活動の背景を考慮して報告することにある。これらの内容を長期の視点から価値創造のために捉えるのが統合思考である。つまり，統合思考にとって，企業価値を高めるために6つの資本に関わる全てのステークホルダーに配慮する経営が不可欠であるという前提の下で事業活動を行う必要がある（上妻，2012）。

　統合思考を基礎とする統合報告とアニュアル・レポートやサステビリティ・レポートといった従来の報告書との大きな違いは，ステークホルダーへの情報開示だけでなく，経営内部への利用も目的としている点にある（Eccles and Krzus, 2010；伊藤，2014；伊藤・西原，2016, 2017；西原，2018；内山，2014, 2015a, 2015b；古賀，2015）。内山（2015b）は，企業外部と企業内部の2つの側面から統合報告開示の狙いを図表5.2のように整理している。企業外部に対するより一体的な企業価値の報告には，①財務指

164

図表5.2　統合報告の情報開示の狙い

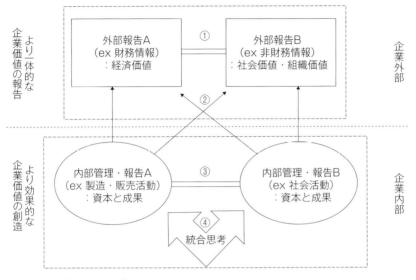

出典：内山（2015b，p. 43）。

標と非財務指標を結合する必要がある。また，②企業内部の情報と企業外部
に報告する情報を関連づける必要がある。企業内部のより効果的な企業価値
の創造には，③有形資産とインタンジブルズといった資本間の関係性を明ら
かにする必要がある。そして，①，②および③の狙いを達成するための基礎
として④統合思考が不可欠である。

　内山（2015b）は，企業内部に触れているものの議論の中心は企業外部へ
の情報開示であった。それでは，統合報告の企業内部の経営への利用にはど
のような効果があるのか。伊藤・西原（2016）は，統合報告には外部への情
報開示のほかに，企業内部の戦略策定への情報利用が管理会計にとって重要
であるという。ここでいう情報利用とは，財務指標のみならず，インタンジ
ブルズや価値創造プロセスの開示によってステークホルダーとのコミュニ
ケーションを図り，ステークホルダーの意見を経営に取り入れて戦略へ利用

することを指す。他にも，統合報告には，ステークホルダーとの関係性の明確化，財務・非財務の関連性を明確化することによる適切な意思決定，適切な情報開示による全てのステークホルダーの参画，ステークホルダー・エンゲージメントによるレピュテーション・リスクの低下といった利点がある（Eccles and Krzus, 2010, p. 135）。

　さらに，伊藤（2014, p. 220）は，価値創造プロセスないし価値創造に焦点を当て，統合報告書の経営管理上の意義を述べている（図表5.3参照）。第1に，統合報告は，投資家との信頼関係を樹立できる。第2に，価値創造プロセスを外部報告するという心理的圧力を伴うことによって，経営者へ市場の論理を導入できる。第3に，外部のステークホルダーだけでなく従業員に対する報告となり，戦略情報の共有と協力体制の強化が実現できる。第4に，戦略の可視化によって，戦略を理解した従業員は，戦略実現のために訓練しスキルアップする。第5に，価値創造につながる機会やリスクを探索すると

図表5.3　統合報告の経営管理上の意義

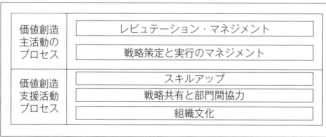

出典：伊藤（2014, p. 220）。

いった組織文化が醸成される。第6に，これらの結果として，価値創造の主活動であるレピュテーション・マネジメントと戦略の策定と実行のマネジメントが強化され，企業価値が創造される。

　要するに，統合思考を基礎とする統合報告には，企業外部と企業内部の両側面への役立ちがあり，これらを統合しようとするものである。このような統合思考は，一貫した情報をもってコミュニケーション，戦略管理，価値創造を統合するインタンジブルズ・マネジメントの統合化を実現する鍵となる考え方である。

5.2.2　コネクティビティ

　IIRC（2013，p. 16）は，コネクティビティについて「統合報告書は，組織の長期的な価値創造能力に影響を与える要因の組み合わせ，相互関係性および依存性の全体像を示さなければならない」としている。つまり，コネクティビティとは，価値創造に影響を与える要因を結びつけ，価値創造に関する情報に一貫性を持たせることである。IIRC（2012，p. 21）では，統合思考が，組織の活動に組み込まれることによって，組織独自の価値創造に依拠することで，経営分析，意思決定，結果として報告へ自然に浸透するだろうと述べている。つまり，コネクティビティは統合思考と密接な関係にある。

　WICI[2]が2013年に公表した *Connectivity Background Paper for ⟨IR⟩*（『統合報告⟨IR⟩のための相互結合性に関するバックグラウンドペーパー』）は，コネクティビティに関する詳細な議論が記述されている。ここでは，WICI（2013）をもとにコネクティビティについて議論する。コネクティビティには，財務指標と非財務指標の結合，資本と価値創造プロセスとの結合の2つ

---

[2]　WICI（World Intellectual Capital Initiatives）は，2007年に創設された，優れた企業報告情報に資本配分を狙った私的公的セクターである。http://www.wici-global.com/aboutwici_global（2018/08/30）

の論点がある。

　第1に，財務指標と非財務指標との結合とは，売上高，利益，ROE と
いった金額ベースの情報と顧客満足度，CO_2削減量，事業特性といった物
量情報やナラティブ情報との関係性を明らかにすることである。財務指標と
非財務指標との結合において重要なことは，財務指標と非財務指標が最終的
に企業価値にどのように影響を及ぼすかを明らかにすることである。WICI
（2013，p. 12）によれば，統合報告のディスカッションペーパーに対して寄
せられた意見の中で，財務指標とインタンジブルズ（イノベーション，ブラ
ンド，優れた人材，効果的な資源マネジメント等）との関係性が重要である
という意見が多く寄せられたという。つまり，価値創造プロセスを示すため
には，価値創造の源泉であるインタンジブルズが財務指標にどのように影響
を及ぼすかを示すことが鍵となる。

　第2に，資本と価値創造プロセスとの結合とは，財務資本，製造資本，知
的資本，人的資本，社会・関係資本，環境資本が，価値創造プロセスにどの
ように投入され，どの程度増減したかを示すことである。端的に言えば，期
首の資本が事業活動を通じて，期末にどの程度増減したかを示すことである。
「過去から現在」の価値創造に関する情報の記述「現在から将来」の価値創
造について示唆的な分析を示すことは，過去，現在，将来をつなげる
（WICI，2013，p. 20）。将来のビジョンや戦略を記述するだけでは，「絵に
描いた餅」になってしまうため，すでにある資本，現状の価値創造プロセス，
将来創造される企業価値に関する情報を結合する必要がある。

　統合報告が推奨するオクトパスモデルには，現状の6つの資本，ビジネ
ス・プロセス，創造される6つの資本が示される。しかし，6つの資本が束
となってビジネス・プロセスに投入される図となっているため，ビジネス・
プロセスのどの部分にどの資本が関係しているかが不明確になる。すでに第
4章で検討したように，オクトパスモデルに準拠した場合，資本と価値創造
プロセスとを十分に結合できるとは言い難い。

5.2.3　マテリアリティ

　統合報告は，全ての情報を結合すれば良いというわけでなく，価値創造に重大な影響を及ぼす情報を結合しなければならない。この重大な影響は，マテリアリティと呼ばれる。マテリアリティの低い情報を価値創造プロセスの中で示そうとすると，どの情報が真に影響を及ぼすかがぼやけてしまい，結果としてステークホルダーにとっては，企業の価値創造プロセスが理解し難いものになり，内部的には，どこに注力すべきかがわからなくなってしまう。コネクティビティのためにも，価値創造に関する最も特筆すべき検討事項（マテリアリティ）を特定することで，企業は自らの経営と長期にわたり存続しうる能力に関しての全体観を確立することができる（WICI，2013，p. 19）。

　IIRC（2011）は，マテリアリティを分析するための分析図を明らかにしている（図表5.4参照）。マテリアリティについては第4章で触れたが，ここではさらに掘り下げて検討する。マテリアリティの分析図では，縦軸に発生可能性，横軸に価値創造への影響度が置かれる。そして，それぞれの軸に基準値が設けられ，この基準値を超えた情報はマテリアリティが高いと判断される。縦軸の発生可能性の基準値が直線的なのに対して，横軸の影響度が逓減的なのは，発生可能性よりも価値創造への影響度の方が，マテリアリティが高いことを示しているからである。

　ここで，2点留意しなければならないことがある。第1点目は，価値創造への影響には，直接価値を高める価値創造と企業価値にマイナスの影響を抑える価値毀損の抑制の2つがあることである。伊藤（2007）によれば，企業価値は，事業全体の顧客価値と本社のシナジーによる価値からアネルギーによる低減する価値を差し引いたものからなる（図表5.5参照）。アネルギーとは，シナジーの逆の概念で相互マイナス効果，すなわちリスクに関わる。企

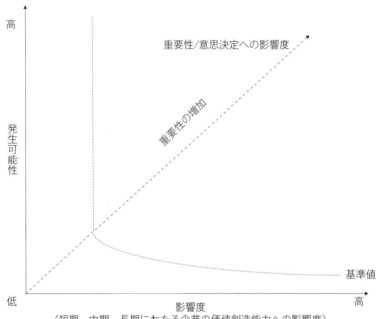

図表5.4　マテリアリティの分析図

出典：IIRC（2011, p. 28).

図表5.5　シナジーとアネルギーによる価値創造

出典：伊藤（2007, p. 59)。

業は，企業価値にマイナスの影響を及ぼすアネルギーを抑制する必要がある。
アネルギーの抑制には，倫理規定，コンプライアンス，レピュテーション・
リスクを抑えるレピュテーション・マネジメントを実施する必要がある。

IIRC（2011）では，発生可能性を軸としていることからリスク，つまり価値毀損に焦点を当てていること考えられる。

　また，価値創造のマテリアリティは，ステークホルダーに対してどれだけ価値を創造できるかが重要となる。つまり，価値創造のマテリアリティは，発生可能性ではなくステークホルダーへどのような影響を及ぼすかどうかで判断するべきである。

　第2点目は，扱うべき情報が価値創造へ影響があるかどうかである[3]。特に，インタンジブルズは，価値創造と結びつけなければ価値を生まないため重要な情報となる。インタンジブルズは，戦略と結びついて初めて価値創造に寄与する。

　したがって，インタンジブルズを価値創造と結びつけるには，インタンジブルズが戦略にとって重要かどうかが判断の基準となる。要するに，マテリアリティは，価値創造と価値毀損の抑制へ影響を及ぼすかという2つの側面で判断すべきである。

5.3　ケース・スタディ

　本節では，インタンジブルズ・マネジメントの統合化を提案するうえで，実際の企業がどのようにコミュニケーション，戦略管理，価値創造を行っているのかを明らかにする。これらの3つの役割を扱っているB社のケースを取りあげる。同社は，統合報告でインタンジブルズと企業価値を結ぶ価値創造プロセスを明確にし，ステークホルダーとコミュニケーションを図ろうとしている。また，同社は戦略管理の中でインタンジブルズの重要性を識別

---

3)　サステナビリティ・レポートは，非財務指標として，社会貢献のための寄付，人権への取り組み，環境負荷の削減といった社会や環境への影響度が高い情報が扱われる。

している。したがって，同社はインタンジブルズを開示するコミュニケーション，インタンジブルズ・マネジメントと戦略管理および価値創造を結びつけていることから，本章の目的に適合したリサーチサイトであると考えられる。

　まず，リサーチサイトである同社の概要についてまとめる。次に，インタビュー調査の結果に基づいて，同社のインタンジブルズ・マネジメントを整理する。次に，インタンジブルズ・マネジメントの統合化の鍵となる，統合思考，コネクティビティ，マテリアリティについて述べる。なお，インタビューは2回行った。第1回目は，2018年6月8日15時00分から17時00分の120分間行い，インタビュイーは，専務執行役員，CSR推進部長，部門統括部，事業経理第一部長の計4名である。第2回目は，2018年7月12日11時00分から12時30分の90分間行い，インタビュイーは，CFO，専務執行役員，IR部長，CSR推進部長，事業推進グループ課長の計5名に行った。

5.3.1　リサーチサイトの概要

　B社は，情報・通信業界に属する東証一部上場企業である。同社の具体的な事業内容は，ITソフト・ハードの開発，販売，ITコンサルティングなど顧客のニーズに対して幅広いソリューションを提供している。平成28年度の資本金は約212億円，売上高は約3367億円，営業利益は約346億円，従業員数は12,054人である。同社は，東京に本社を置き，全世界に7か所の拠点を持つグローバル企業である。創業当初，同社は法人向けのハード開発が主軸業であったが，ソフト開発にも力を入れるようになった。現在では，蓄積されたノウハウをもとに顧客ニーズに合わせたパッケージ商品を提供するソリューション型事業に注力している。また，人的資産構築の面でも注目を集めている企業である。最近は，働き方改革や人材育成への取り組みが評価され，ITを活用した経営革新に，顕著な努力を払い優れた成果をあげたと認

められる企業・機関・事業所・部門あるいは個人に対し授与される IT 賞を
受賞した。

　同社は，2015年より財務業績が中心であるアニュアル・レポートと社会的
責任に関する非財務指標が中心である CSR レポートを統合する形で統合報
告書を作成している。2016年からは，価値創造プロセスを開示するように
なった。統合報告書の具体的な内容は，企業プロフィール，価値創造に向け
た戦略と施策，事業報告の 3 点からなる。企業プロフィールでは，経営理念
や財務業績と非財務業績のハイライトといった企業活動に関わる網羅的な情
報が開示されている。価値創造に向けた戦略と施策では，社長のメッセージ
として，戦略や中期経営計画の進捗度，構築すべきインタンジブルズ，将来
のビジョンといった将来の方向性が開示されている。そして，このような将
来の方向性に基づいた価値創造プロセス，財務資産やインタンジブルズ，経
営体制が開示されている。最後に，事業報告では，9 つの事業の個別の活動
が記述される報告書となっている。

　現在，労働集約型ビジネスから知識主導型のビジネスへと大きく転換しよ
うとしている。同社の戦略は，サービス提供型ビジネスへのシフトである。
今日，IoT，FinTech，AI，ビックデータの活用といった情報技術の進展を
受けて，戦略的に IT 投資を行う企業が増加している。そこで，顧客の業界
標準レベルの業務オペレーションシステムを構築し，提供するサービス提供
型ビジネスへと事業内容を大きく移行している。このような戦略を受けて，
技術力，開発力や創造性豊かな人材を育成するための人的資産といったイン
タンジブルズの構築に注力している。

5.3.2　リサーチサイトの統合思考，コネクティビティ，マテリアリティ

　B 社の企業価値観は，ステークホルダー価値の向上である。短期的な株主
価値の追求ではなく，従業員の満足度を高め，顧客価値を向上させ，結果と

して株主を向上させることで，持続可能な企業価値の創造を目的としている。また，同社では，統合報告には開示する情報と経営を結合する役割があると捉えていることから統合思考の重要性を認識している。

（CFO）

　最終系は顧客価値を向上し，企業価値を向上し，我々の収益を増やし，結果として社会貢献するという話なんです。究極的な目標がサステナブルな企業価値，社会価値の創出であります。サステナビリティが高いという当然ながら財務を考え経営資源の全部を考える最適資本構成を一時的によくする話ではなくて，中期長期的に維持できる構成であるとそう考えています。

　同社では，統合思考と同様にコネクティビティの重要性を認識している。2012年から時価総額が約4倍，営業利益が約2倍にまで増加し，従業員満足度などの非財務指標も増加している。このため，非財務指標が企業価値へ重要な影響を及ぼす要因であると認識しつつも，財務指標と非財務指標の関係性をうまく示すことが難しいためどのようにコネクティビティを持たせるかという課題に直面している。

（CSR 推進部長）

　ここの（財務指標と非財務指標，資本と価値創造プロセス）有機的なつながりがどうなっているのか，この辺の見せ方は課題です。繋がりがないと，投資家的にも外部の方的にも意見交換するとき，ここが弱いから繋がらないんだねという議論はしています。繋がりをみせる難しさはあります。

　統合報告におけるマテリアリティは，サステナビリティ・レポートで言われる環境や地域社会への影響ではなく，価値創造に影響を及ぼす要因を特定するものでなければならない。同社は，戦略や中期経営計画から導かれた価

値創造に影響を及ぼす要因について開示しようとしている。現在，労働集約型のビジネスから知識集約型のビジネスへの転換期であり，インタンジブルズ，特に，同社の属する IT 業界では，人的資産の重要性が高まっている。

（CFO）

　経営から投資家まで，ステークホルダーにメッセージングするのは資本を構成した我々が何をアウトプットするのか，ビジネスそのものに関わるものと思います。

　我々のビジネス・モデルは，事業をどうするかという視点と，人的資本にかなり依拠したビジネス・モデルを取っていますので，労働集約型ビジネスでは立ち行かないほど労働力不足に悩んでいます。

5.3.3　リサーチサイトのコミュニケーション，戦略管理，価値創造

　B 社は，コミュニケーション，戦略管理，価値創造のためにインタンジブルズ・マネジメントを行っている。

(1)　コミュニケーション

　B 社は，統合報告書を公表することで，ステークホルダーとコミュケーションを図ろうとしている。2014年までは，戦略や財務指標をアニュアル・レポートで開示し，企業の社会的責任といった非財務指標を CSR レポートでステークホルダーに開示してきた。このような財務指標と非財務指標を統合して，中長期的視点に立脚した持続可能な企業価値の創造への取り組みをステークホルダーに開示し，コミュニケーションを図る目的で統合報告書を作成している。

　また，同社は，ビジネスの大きな転換期であり，戦略や中期経営計画の微調整をおこなっている。このような変化を適切にステークホルダーに開示し

コミュニケーションを図るために戦略や中期経営計画の変化に伴って統合報告のスタイルも変化させている。

（CFO）

　我々のバリューを創出するプロセスがどうなっているかを可能な限り現実に即して報告する役割があるというのが統合報告かと思っております。

　ビジネス・モデルの変化，ビジネスのありようをどう変えるか，それに必要な経営資源のありよう，戦略のありようをこれから動かそうとする，そういう時期でございます。その変化の中にあるので，毎年アニュアル・レポートなり現状の統合報告書をご覧いただくと毎年大きくスタイルを変えていまして，IR 的には，海外の機関投資家とコミュニケーションをとります。

(2)　戦略管理

　価値創造のためには，価値創造の源泉であるインタンジブルズをマネジメントする必要がある。そのためには，まず自社の戦略にとって重要なインタンジブルズを特定する必要がある。すでに述べたように B 社は，ビジネスの大きな転換期にあり，戦略も知識集約型ビジネスへと移行している。このような戦略では，新サービスを開発する技術が重要になる。そこで，同社では，戦略実行のために組織資産と人的資産の構築と管理の重要性を認識している。技術力を高めるためには，研究開発を促進する組織が重要であり，研究開発専門の組織を設けている。また，プロジェクトを管理するためにプロセス標準を設定している。このように，研究開発の促進やプロジェクト管理のために組織資産を構築している。

　IT 業界では，イノベーションを創出できるかが戦略成功の鍵となる。新サービスの開発といったイノベーションを促進するためには，発見力，知識，イノベーションを起こそうとする意識を持った発明志向型の人材が不可欠である（Dyer *et al.*, 2011, p. 254）。IT 業界は慢性的な人材不足にあり，発明

176

志向をもった人材の確保・育成といった人的資産の構築が重点課題である。
B 社は，人的資産の管理のために，スキルをレディネスで評価してきた。レ
ディネス評価のために35の専門分野の人材を対象に，情報処理推進機構が提
供する IT スキル標準，組み込み標準，情報システムユーザースキル標準を
基にし，同社の事業特性を加味した独自の評価基準を設定した。そして，こ
の評価基準に基づいて従業員の必要なスキルや知識を 7 段階で定義してきた。
　しかし，情報処理推進機構の提供する IT スキル標準は，大規模システム
開発を前提としたスキルの評価となっている。そのため，顧客のニーズに合
わせて既存のアプリケーションやシステムをどのように組み合わせるかとい
うソリューション型のビジネスには，一定の限界がある。同社は，IT スキ
ル標準の限界を認識しており，人材戦略としてレディネス評価のフレーム
ワーク自体を改変しようとしている。そのために，フレームワーク改変のた
めに，戦略にとって真に必要なスキル，人材とは何かという定義づけが課題
となっている。

（CFO）
　昔の大規模システムみたいに，みんなの素晴らしい組織的技能を集めて作
るのが，ITSS（IT スキル標準）の体系です。世の中の向かっている方向では，
ITSS のレベル 7 の素晴らしい技術基準がなくても作れてしまう。あるいは，
作れなきゃいけない時代に来ているんです。（中略）戦略的レディネスの評価
体系そのものを作り直さなければならない時期に直面しています。これも，
次期中経を作り直すときに，人材戦略として本当に考えなければならないと
ころです。我々のエンジニアとしてのスキルとは何か，それくらいのデジタ
ルトランスフォーメーションという波にさらされているのがわが社を含むソ
フトウェアハウスです。そういう中で，難しいんです。ビジネス自体が大変
なものですから，サバイバルをかけてどうするかが議論の主になる。

(3) 価値創造

　統合報告のオクトパスモデルは，6つの資本がビジネス・モデルに投入され，最終的に企業価値にどのように変換されたのかを示す。投入時点の6つの資本と結果としての企業価値は，その特定時点の資本および企業価値であるストックとして示される。一方で，ビジネス・モデルは，どのように資本を企業価値に変換するかという一連のプロセスを示すフローとして示される。

　B社は，このストックとフローの概念を基に，持続可能なステークホルダー価値の創造を目的とした価値創造プロセスを提示している。企業価値の持続可能性だけでなく，投入される資本も中長期的に構築，維持しなければならいと認識している。また，ビジネス・モデルを社内で明確に示しており，戦略と連動して能動的に変化させる柔軟性を持たせている。つまり，同社の価値創造プロセスは，資本をどう維持，構築するか，また戦略をビジネス・モデルでどのように示すかという持続可能な価値創造を目的とした一貫性のある価値創造プロセスとなっている。

（CFO）

　（どのように価値創造するかは）業績的な蓄積，ストックではなくフローの部分は明確なビジネス・モデルがあって，（中略）ビジネス自体に投入，アウトプットはビジネス・モデル全体でお見せするしかない状況です。

　動態的な変化が成長戦略，中期経営計画と称して動態的にビジネスを変えていこうと思っていまして，可能な限りお見せできればと考えています。

5.3.4　リサーチサイトの課題

　B社は，戦略に基づいて人材の確保と育成という人的資産の構築に重点的に取り組もうとしていた。そのために，社内で人材のスキルをレディネスによって評価し管理していた。評価したスキルに関する情報を価値創造プロセ

178

スの中で示すことで，ステークホルダーとのコミュニケーションに役立てようとしていた。つまり，同社のインタンジブルズは，コミュニケーション，戦略管理，価値創造の 3 つの役割を持つ先駆的企業であった。

　しかし同社のインタンジブルズ・マネジメントには，どのようにコネクティビティをとるかという方策がなく，それぞれの役割が有機的に結合していないことが明らかとなった。コネクティビティが取れないということは，インタンジブルズ・マネジメントの統合化が行われていないということになる。すでに述べたように，コネクティビティには，財務指標と非財務指標の結合と資本と価値創造プロセスの結合の 2 つの論点がある。この 2 点のコネクティビティが欠如することによる問題点を述べる。

　第 1 の財務指標と非財務指標の結合が欠如した場合，両者の関係性が見えないために企業価値創造にとって重要な情報かどうかがわからなくなってしまう。結合されていない情報を受けたステークホルダーは，企業に対して適切な評価を下すことができない。企業は，ステークホルダーとコミュニケーションを図れず，ステークホルダー・エンゲージメントを確立することができない。企業内部では，従業員は自ら関わる情報が企業価値にどのように関係するのかが見えないため，従業員を戦略に結びつけることができない。結果として，組織がバラバラの方向を向き戦略が失敗する可能性がある。

　第 2 の資本と価値創造プロセスの結合が欠如した場合，投入された資本がどのように企業価値に変換されるのかがわからなくなる。また，事業活動によってどのくらい企業価値が創造されたのかもわからなくなる。事業活動の結果フローとして現れる企業価値は，ストックとして蓄積することで次期（次の戦略または中期経営計画）以降の資本となる。つまり，資本と価値創造プロセスを結合しなければ，現状の資本と企業価値を適切に示すことができないだけでなく，次期以降の戦略または価値創造プロセスとの関係性が希薄なることで持続的な価値創造に向かうことができない。

5.4 考察

インタビュー調査の結果，B社は，コミュニケーション，戦略管理，価値創造の3つの役割を持ってインタンジブルズを測定し，マネジメントしていることがわかった。しかし，コネクティビティの欠如により，インタンジブルズ・マネジメントの統合は行われていなかった。そこで，本節では，インタンジブルズ・マネジメントの統合化を提案する。はじめに，インタンジブルズ・マネジメントの統合化におけるBSCの有用性を述べる。次に，同社のケースを基に，コネクティビティの論点である財務指標と非財務情報の結合，資本と価値創造プロセスの結合を検討する。最後に，インタンジブルズ・マネジメントの統合化の効果を明らかにする。

5.4.1 インタンジブルズ・マネジメントの統合化におけるBSCの有用性

インタンジブルズ・マネジメントを統合化するには，統合思考の下，企業外部へ開示される情報と企業の内部で利用される情報を一致させる必要がある。これらの情報の一部分は，企業価値への創造に寄与する価値創造プロセスで表すことができる。つまり，企業内外で一貫した価値創造プロセスを扱う必要がある。それでは，インタンジブルズ・マネジメントの統合化にはどのような価値創造プロセスが適しているか。統合報告の中で示される価値創造プロセスには，オクトパスモデル・タイプ，戦略マップ・タイプ，その他の価値創造プロセスがある（伊藤，2016）がある。

オクトパスモデル・タイプは，IIRC（2013）のオクトパスモデルに準拠したタイプである。オクトパスモデル・タイプの場合，ステークホルダーへの情報開示に焦点が当てられているため，コミュニケーションを図ることできる。しかし，オクトパスモデルは，事業活動と企業価値との関係性が明確

でない，企業戦略が示されていない，戦略を実行した結果6つの資本にどう影響するかが明確でない（伊藤，2016）といった戦略と企業価値に関わる課題が存在するため，企業内部で戦略管理に役立てることができない。

　戦略マップ・タイプは，Kaplan and Norton（2004）の戦略マップで価値創造プロセスを開示したものである。戦略マップは，戦略を価値創造プロセスとして可視化することに特徴があり，オクトパスモデルの欠点を補うことができる。戦略マップは，もともとスコアカードと一体となったBSCとして戦略の策定と実行のためのマネジメント・システムである。価値創造プロセスを戦略マップで表すことでステークホルダーに対して戦略を可視化するとともに，企業内部では，BSCとして利用することで戦略管理に役立てることができる。つまり，BSCを価値創造プロセスとして用いることで，外部情報と内部情報に一貫性を持たせることができる。そこで，BSCを用いたインタンジブルズ・マネジメントの統合化について検討する。

5.4.2　BSCとコネクティビティ

　B社には，財務指標と非財務指標の結合の欠如，資本と価値創造プロセスの結合の欠如というコネクティビティに関する2つの課題があった。ここでは，BSCを用いてコネクティビティに関する2つの課題の解決を提案する。

(1)　財務指標と非財務指標の結合

　B社は，財務指標と非財務指標の結合の重要性を認識していた。たとえば，スキルのある従業員を育成することで，新規サービスの提供やプロセス改善につながり，最終的に売上や利益が向上するといった因果連鎖を想定していた。しかし，このような因果連鎖を価値創造プロセスに示すことができていなかった。戦略マップは，このような因果連鎖を示すことができる。戦略マップの構築には，まず戦略から導かれた戦略目標を設定する必要がある。

戦略目標は，価値創造のために，戦略上取り組むべき重要な目標である。統合報告は，価値創造にどの程度重大な影響を及ぼすかというマテリアリティが情報の開示基準となっている。つまり，戦略目標は，価値創造へ寄与するという点で統合報告におけるマテリアリティの判断基準と合致する。

　次に，戦略目標同士を因果関係で結ぶ必要がある。戦略マップは，財務の視点，顧客の視点，内部ビジネス・プロセスの視点，学習と成長の視点の4つの視点で因果関係を構築する。そして，これらの戦略目標はスコアカードでKPI（key performance indicator）に落とし込まれる。

　同社の統合報告書とインタビュー調査の結果から戦略マップを構築すると図表5.6のように描くことができる。

　図表5.6は，価値創造と価値毀損の抑制という2つの側面から価値創造プロセスを描いている。

　まず，価値創造の側面について述べる。学習と成長の視点では，人的資産，組織資産，情報資産といったインタンジブルズの構築に取り組んでいる。B社は，技術革新の激しいIT業界に属するため，技術革新に対応するために，人的資産である「人材育成」を重点課題として取りあげている。「人材育成」は，ITスキル標準をもとにした独自の基準を基に測定している。そして，「人材育成」のために，「組織資産」として働き方改革の推進に力を入れている。働き方改革は，有給取得率，残業時間やライフワークバランスに関する指標によって測定する。

　内部ビジネス・プロセスの視点の戦略目標は，大きく分けて，「新サービスの開発」，「サービスの運営」からなる。「人材の育成」によって，高いITスキルも持つ従業員によって，「新サービスの開発」が促進される。「サービスの運営」では，働き方改革によって，残業時間を削減するために，作業を効率化しようという意識が従業員に生まれ，生産性の向上に寄与する。また，システムの標準化，品質向上および生産性の向上のために，プロジェクト管理を徹底している。同社では，内部ビジネス・プロセスの主なKPIとして，

182

図表5.6　B 社の戦略マップ提案

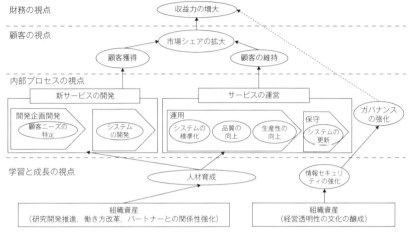

出典：筆者作成。

開発件数，新規受注件数および社員一人あたりの生産性を設定している。

　顧客の視点では，内部ビジネス・プロセスの視点の「新サービスの開発」によって「顧客獲得」が達成される。また，「サービスの運営」によって「顧客維持」が達成される。サービス提供型ビジネスへの転換期である B 社は，顧客ニーズに合わせたサービスの開発提供に重点的に取り組んでいる。つまり，顧客ニーズに応えることで，顧客関係性を構築し，「市場シェアの拡大」を目指している。これらを測定するために同社では，主に顧客満足度や市場シェアなどの KPI を用いている。

　次に，価値毀損の抑制の側面について述べる。大量の顧客情報を扱う同社では，情報管理も重要な課題となる。そのために，学習と成長の視点では，「経営透明性の文化の醸成」といった組織資産と「情報セキュリティの強化」といった情報資産の構築にも努めている。そして，これらが内部ビジネス・プロセスの視点の「ガバナンスの強化」を推進する。「ガバナンスの強化」

は，統合報告書の中で，社外取締役座談会と呼ばれる社外取締役の会話が4頁設けられている。この中では，社外取締役によって，中期経営計画のモニタリングや今後の課題などがナラティブ情報として開示されている。

　ガバナンスを強化することで，不正やレピュテーション・リスクといったアネルギーを抑制することができる。アネルギーは未然に抑制するものであるため，アネルギーを抑制したことによる成果は現れにくい。そこで，「ガバナンスの強化」から財務の視点の「収益力の拡大」へは点線で結んでいる。

　このように，戦略マップを構築し，戦略目標を設定し，スコアカードでKPIに落とし込むことで財務指標と非財務指標の結合をもった因果関係を可視化することができる。また，戦略目標は価値創造および価値毀損に影響を与える要因が設定されるのでマテリアリティを担保することができる。

(2)　資本と価値創造プロセスの結合

　オクトパスモデルでは，投入された資本，価値創造プロセスおよび企業価値がどのように結合しているかが明らかでない。資本と価値創造プロセスの結合性を担保するためには，資本と価値創造プロセスで用いられる指標に一貫性を持たせなければならない。IIRCのフレームワークでは，資本を財務資本，製造資本，知的資本，人的資本，社会・関係資本，自然資本の6つに分類している。財務資本は，金額ベースであるため投入された資金がどのように売上や利益といった財務指標に繋がるかを容易に示すことができる。製造資本は，現状どの程度の設備があるかであり，これらをどの程度効率的に利用できるかといった指標で結びつけることができる。

　比較的測定が容易な財務資本および造資本と比べて，知的資本，人的資本，社会・関係資本といったインタンジブルズは，測定が困難なためどの程度投入されたか，そして事業活動を通じてどの程度構築，創造されたかを表すことが難しい。さらに，インタンジブルズは，戦略と結びついた資産であるので，重要となるインタンジブルズは企業によってさまざまである。つまり，

企業は戦略を達成するために，独自のインタンジブルズ指標を設定し，資本と価値創造プロセスを結合する必要がある。

　インタンジブルズを測定する方法として，レディネス評価がある。レディネス評価では，企業が独自に設定した評価基準によってインタンジブルズを得点化することで測定する。同社のケースでいえば，人的資本にあたるスキルを測定するのに，情報処理推進機構が提供する IT スキル標準をもとにした独自のスキル測定があり，これがレディネス評価にあたる。

　資本と価値創造プロセスを結合するためには，測定すべきインタンジブルズをスコアカードに落とし込む必要がある。測定されたスキルは，スコアカードの中で現状値と目標値が設定される。現状値は，今持っているインタンジブルズであり，資本に該当する。この資本をもとにどのように目標に近づけるかは，スコアカードの実施項目として示され，戦略マップの中で企業価値創造に向けた因果連鎖が可視化される。そして，期末までに達成できた数値が，その期に創造された企業価値となる。

　具体的に，同社のケースをもとに，レディネス評価による資本と価値創造プロセスの結合を説明する。ここで，便宜上，同社の人的資産は人材のスキルのみとし，人的資産の構築を戦略目標としている仮定する。現在，スキルを独自の評価基準で得点化している。たとえば，現状値の総得点が840点で，3年後の目標値が1000点だとしよう。現在の人的資産は840点あり，目標値とのギャップである160点を埋めるための実施項目が立案される。戦略マップで，人的資産の構築という戦略目標が他の戦略目標と因果関係の中で結合する。そして，期末にスキル得点を測定した結果，890点だった場合，この期に構築された人的資産は50点である。

　このように，測定が困難なインタンジブルズは，レディネスで評価することができる。資本は，現時点で測定されたインタンジブルズとして測定され，価値創造プロセスには，インタンジブルズに関わる戦略目標が他の目標と結びついて記述される。そして，期末に再度インタンジブルズを測定すること

で，資本との差が新たに創造されたインタンジブルズとして示すことができる。要するに，インタンジブルズをレディネスで評価することで，資本と価値創造プロセスとを結合させることができる。

5.4.3　インタンジブルズ・マネジメントの統合化の効果

　これまで，BSC を用いたインタンジブルズ・マネジメントの統合化を検討してきた。インタンジブルズ・マネジメントの統合化には統合思考を持ち，コネクティビティとマテリアリティを確保する必要があった。すでに，述べたように，インタンジブルズ・マネジメントが統合化されないことによる課題は，適切なインタンジブルズ情報が開示されない，組織間のアライメントが図られない，外部向けの情報と内部向けの情報の整合性がないという3点である。ここでは，インタンジブルズ・マネジメントの統合化によって，3つの課題にどのように貢献できるかについて検討する。

　インタンジブルズ・マネジメントの統合化は，コミュニケーション，戦略管理，価値創造の3つのインタンジブルズの測定の役割を統合することである（図表5.7参照）。BSC で価値創造プロセスを示すことで，企業内部では，戦略管理に役立てることができる。また，企業外部のステークホルダーに対しては，戦略に沿った価値創造プロセスを開示することで，コミュニケーションを図ることができる。

　まず，第1の課題である内部情報と外部情報の不整合ついて検討する。この課題を解決するためには，コミュニケーションのために開示する価値創造プロセスと戦略管理のための価値創造プロセスに一貫性を持たせる必要がある。つまり，経営実態と開示情報の整合性を確保しなければならない。外部と内部の一貫性を持った価値創造プロセスは，ステークホルダーに適切な情報を提供する。さらに，経営実態を反映した情報を受けたステークホルダーが企業に対して，評価を行えるだけでなく，企業はステークホルダーの意思

図表5.7　インタンジブルズ・マネジメントの統合化

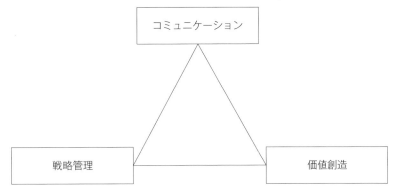

出典：筆者作成。

決定，行動や意見を戦略に役立てる情報利用にも役立つ。

　第2の課題である戦略管理と価値創造の不一致について検討する。統合思考に基づいて，コネクティビティとマテリアリティを確保したBSCを構築することは，戦略管理に役立てることができる。価値創造プロセスが明確になれば，一人一人の従業員が，自分の仕事がどのように戦略や価値創造とどのように結びつくかが明確になる。戦略会議においても，あらかじめ価値創造プロセスを可視化しておくことで，戦略を検証する際に現状値と目標値のギャップが誰にでもわかるようになり，取るべきアクションが明確になる。つまり，BSCで価値創造プロセスを可視化し組織成員で共有することで組織を戦略へと方向づけことができる。つまり，アライメントを図ることができる。その結果，戦略のPDCAを適切に回すことができる。

　第3の課題である不十分な情報開示について検討する。インタンジブルズ・マネジメントの統合化は，価値創造と価値毀損の抑制の2つの側面からマテリアリティに基づいてインタンジブルズに関する戦略目標を設定し，レディネスで評価しBSCを構築する必要がある。マテリアリティを基準とすることで，自社の真の強みや今後どのようにインタンジブルズを構築すべき

かが明らかになる。また，ステークホルダーにとっても，このような情報は意思決定の重要な情報となる。レディネスで測定し，戦略マップで他の指標と因果関係で結び，資本と結合することで，ステークホルダーは価値創造プロセスに対してより一層の理解を深めることができる。

以上のように，インタンジブルズ・マネジメントの統合化には，BSC の構築が効果的である。BSC 構築にあたっては，統合思考，コネクティビティおよびマテリアリティを確保する必要がある。BSC によるインタンジブルズ・マネジメントの統合化による効果は，次の 3 点である。第 1 に，内部情報と外部情報との整合性を確保することで，ステークホルダーは企業に対して適切な意見や意思決定が行える。企業は，ステークホルダーの意見や意思決定を戦略へ利用できるようになる。第 2 に，戦略管理と価値創造を一致させることで，企業戦略と事業戦略のアライメントが図れ，価値創造プロセスに基づいた戦略管理が行えるようになる。第 3 に，十分な情報開示によって，企業内部では，構築すべきインタンジブルズや企業価値が明確になる。また，ステークホルダーが真に求めている価値が明確になることで，企業はステークホルダー志向になる。

まとめ

本章では，ケース・スタディを通じて，インタンジブルズ・マネジメントの統合化を提案した。本章の貢献は，以下の 3 点である。

第 1 に，インタンジブルズ・マネジメントの統合化における BSC の有用性を明らかにした点である。IIRC（2013）が推奨するオクトパスモデルは，概念的であるため戦略との関係性が不明瞭という欠点があった。また，オクトパスモデルは，外部報告に焦点が当てられているため，企業内部の戦略管理には不向きである。そこで，BSC の戦略マップで価値創造プロセスを示

すことを提案した。戦略マップは，戦略を価値創造プロセスとして可視化したものであるため，外部に戦略と価値創造プロセスを開示することができる。また，BSC は戦略管理のためのマネジメント・システムでもある。

　第2に，インタビュー調査からコネクティビティの重要性を抽出し，BSC との親和性を明らかにした点である。コネクティビティには，財務指標と非財務指標の結合および資本と価値創造プロセスの結合という2つの論点があった。B 社の統合報告書とインタビュー結果から，現状の戦略マップを構築し，コネクティビティについて検討を行った。BSC を用いることで，財務指標と非財務指標は，戦略目標を因果関係で結んだ戦略マップによって結合することができる。さらに，価値創造と価値毀損の抑制の2つの側面から戦略目標を設定することで，マテリアリティを確保することができる。

　資本と価値創造プロセスは，レディネス評価によって結合される。インタンジブルズをレディネスで評価することで，現状の資本と期末の資本が明らかになると同時に，インタンジブルズの構築を戦略目標とした戦略マップを構築することで，資本と価値創造プロセスを結合することができる。ケースをもとに，現状の戦略マップを提案したが，同社は今後の戦略として AI を活用した新たなビジネス・モデルを模索している段階にある。そのため，提案した戦略マップは，このような戦略を反映することができない。AI を活用した新たなビジネス・モデルを反映した戦略マップの構築が待たれる。

　第3に，インタンジブルズ・マネジメントの統合化による効果を明らかにした点である。インタンジブルズ・マネジメントを統合化のためには，BSC によって価値創造プロセスを示すことで，いかにして価値創造すべきかが明確になる。結果として，適切なインタンジブルズ情報を開示することができ，コミュニケーションに繋がる。さらに，組織内で，価値創造プロセスを共有することで，組織成員を戦略へと方向づけることができる。外部報告のための価値創造プロセスと戦略管理のための価値創造プロセスに一貫性を持たせることで，ステークホルダーは，企業に対して適切な評価を下すことができ，

ステークホルダーの意見を戦略管理に役立てることができる。このような好循環を生み出すことで，企業は，持続的な企業価値を創造することができる。

終章

本研究の貢献

はじめに

　本研究の目的は，インタンジブルズ・マネジメントを統合化することであった。今日，企業価値の源泉は，有形資産からインタンジブルズへと移行しつつある。そのため価値創造とってインタンジブルズをいかにマネジメントしていくかが，現代企業の大きな課題である。インタンジブルズの測定には，コミュニケーション，戦略管理，価値創造の３つの役割があり，それぞれ独立した研究が行われてきた。本研究では，インタンジブルズの測定の３つの役割を独立して扱うのではなく，すべてを統合することでより持続的な企業価値を創造することができることを提案した。

　本研究は，コミュニケーション，戦略管理，価値創造からなるインタンジブルズの測定の３つの役割について検討した。第１章では，本研究のキーワードであるインタンジブルズと企業価値を定義づけた。第２章はインタンジブルズ・マネジメントをコミュニケーションと関連づけて，第３章は，インタンジブルズ・マネジメントを戦略管理と関連づけて，そして第４章は，インタンジブルズ・マネジメントを価値創造と関連づけて検討した。最後に，第５章では，以上の３つの役割を統合化してインタンジブルズ・マネジメントすることを提案した。

　本章では，本研究の貢献を３点述べる。第１の貢献は，インタンジブルズの測定の３つの役割を統合化した点である。第２の貢献は，文献研究による仮説をケース・スタディによって仮説検証したことである。第３の貢献は，インタンジブルズ・マネジメントを情報開示するだけでなく，戦略策定への情報利用として用いるためには，マテリアリティとコネクティビティを図る必要があることを提案した点である。

終.1　インタンジブルズの測定の役割の特定と検討

　インタンジブルズの測定の役割は，コミュニケーション，戦略管理，価値創造にあることを明らかにして，これらの3つの役割を統合化することで価値創造を効果的に行えると提案した。従来，インタンジブルズに関する研究は，その役割ごとに研究されてきた。本研究ではインタンジブルズの測定の役割に関する先行研究（Ulrich and Smallwood, 2003；Marr *et al.*, 2003；伊藤, 2014）を文献研究して，コミュニケーション，戦略管理，価値創造という3つに分類した。

　コミュニケーションは，インタンジブルズに関する情報を企業内外に開示し，ステークホルダーとのコミュニケーションを図るとともに，経営者の戦略策定と経営管理に資するという役割がある。第2章では，インタンジブルズ・マネジメントに関するコミュニケーションの情報開示に限定した Blair and Wallman（2001）に基づいて検討した。その後のコミュニケーションの研究は，情報開示に限定した研究だけではなく，戦略の PDCA である戦略管理の方向へと拡張していることがわかった。たとえば，Lev（2001）やスカンディア・ナビゲーター，MERITUM ガイドライン，デンマーク知的資本報告書といった一連研究を参考に経済産業省が構築した知的資産経営の開示ガイドラインなども戦略管理への拡張であった。しかし，情報開示に関わる研究だけを扱ったため当然ではあるが，戦略策定への情報利用について扱った研究は存在しなかった。また，戦略管理のすべてを扱っているわけではなく，戦略修正について扱った研究は存在しなかった。

　戦略管理とは，戦略の策定，実行，検討，修正からなる一連のサイクルのことである。インタンジブルズ・マネジメントを戦略管理として議論した研究は Ittner and Larcker（2005）である。Ittner and Larcker（2005）は，戦略修正まで検討した優れた研究であることは間違いない。ところが，戦略管

理に関わる研究は，Kaplan and Norton（2004）によって，価値創造へと拡張されていた。そこで，インタンジブルズ・マネジメントの戦略管理と価値創造に関わる事例によって，この拡張という仮説を検証することにした。この事例による仮説検証を行ったのが第 2 章である。

　価値創造とは，企業目的そのものであるが，価値とは何かは見解の一致を見ていない。本研究では，ステークホルダー価値を企業価値と考えて，そのような価値創造を行う。インタンジブルズはそれだけでは価値を生まないので，インタンジブルズ・マネジメントを戦略と結びつけて企業価値を創造する。価値創造に関わる先行研究は，Solomons（1965, p. 165）が示したデュポンチャート，Mckinsey & Company（2010），Boulton *et al.*（2000），Donovan *et al.*（1998），Heskett *et al.*（1994），Kaplan and Norton（2004），それに伊藤・関谷（2016）などがある。これらのうち，最初のデュポンチート，Mckinsey & Company（2010），それに Boulton *et al.*（2000）は株主アプローチであり，本研究の企業価値とは相いれない。また，企業価値を分解する構成要素タイプでは，インタンジブルズ・マネジメントに利用しにくい。むしろ，Heskett *et al.*（1994），Kaplan and Norton（2004），それに伊藤・関谷（2016）が提案するバリュードライバー・タイプが価値創造にとって意義があることを提案した。このような価値創造の研究だけでなく，価値創造に関わる研究は，IIRC（2013）のようにコミュニケーションへと拡張していることがわかった。要するに，価値創造はコミュニケーションへと拡張することによって，インタンジブルズ・マネジメントの情報開示だけでなく，ステークホルダーとの対話によって，経営者への情報利用を行うべきであるという仮説が提示できる。この仮説を検証するために，第 4 章でケース・スタディを行った。

　以上の 3 つのインタンジブルズの測定の役割を特定し検討した。コミュニケーション，戦略管理，価値創造は，独立してインタンジブルズ・マネジメントを行うよりも，3 つを同時に統合することで，持続可能な価値創造に大

きく寄与できると考えられる。

終.2　ケース・スタディによる仮説検証

　ケース・スタディによる仮説検証について明らかにする。戦略管理につい
て検討した第3章，価値創造について検討した第4章，インタンジブルズ・
マネジメントの統合化について検討した第5章，それぞれ異なるケースを用
いて研究を進めてきた。第2章は，ステークホルダーとのコミュニケーショ
ンのために，インタンジブルズ情報を開示する研究やガイドラインの比較検
討することを目的としていた。したがって，第2章では，ケース・スタディ
ではなく，文献研究を行った。

　Yin（1994, p. 13）によれば，ケース・スタディが望ましいのは，「どの
ように」や「なぜ」という研究課題が設定されおり，研究者が事象をほとん
どコントロールできない場合である。そこで，第3章では，半導体関連製品
を製造するA社をリサーチサイトとして，どのようにインタンジブルズ・
マネジメントを行っているのか，また，なぜインタンジブルズ・マネジメン
トに関する課題が存在しているのかについて調査し，検討を行った。戦略管
理だけでなく，価値創造まで行っているかどうかの仮説検証である。その結
果，戦略修正を意識しているだけでなく，インタンジブルズ・マネジメント
について価値創造的なアイデアを持っていた。ところが，同社はBSCを導
入しているわけではないために，価値創造に関わる因果関係までは考えてい
なかった。アクションリサーチによって，同社に提案を行うことができた。

　第4章では，エーザイ株式会社をリサーチサイトとして，どのように価値
創造をステークホルダーに開示しているのか，なぜ，開示を行っているのか
について調査し，検討した。そしてインタンジブルズ・マネジメントの情報
開示だけでなく，経営者の戦略策定への情報利用を行っているかという仮説

検証を行った。その結果，インタンジブルズのコミュニケーションと価値創造については仮説検証できた。ところが，経営者の情報利用までは行われていなかった。今回の事例研究では，インタンジブルズ・マネジメントを戦略企画室まで巻き込むことができなかったためである。

　第5章では，IT ソフト・ハードの開発および販売を行う B 社をリサーチサイトとして，どのように B 社がコミュニケーション，戦略管理，価値創造を捉えているのか，また，なぜ戦略上の課題が存在するのかを調査し，検討した。インタンジブルズの3つの役割を統合しているという仮説を検証するためである。その結果，戦略管理を意識したコミュニケーションを行うと同時に，価値創造を捉えたインタンジブルズ・マネジメントを行っていた。ところが，今日のアナリティクスやビッグデータ，AI といった IT の激変により，戦略を大きく再構築しなければならない時期にきていることがわかった。

　以上のように，本研究は，第2章を除いて，インタンジブルズの測定の役割である戦略管理，価値創造およびインタンジブルズ・マネジメントの統合化に向けて，仮説検証を行った。それぞれの企業の事情により，現時点では統合化したケースは見つけることができなかった。

終.3　インタンジブルズ・マネジメントの統合化

　インタンジブルズ・マネジメントの統合化にあたっては，コネクティビティとマテリアリティという2つの概念が重要であることがわかった。コネクティビティとは，財務指標と非財務指標の結合，資本と価値創造プロセスの結合からなる。また，マテリアリティには，価値創造に関するマテリアリティと価値毀損の抑制に関するマテリアリティとからなる。

　最近では，インタンジブルズ・マネジメントの実践例として，価値創造プ

ロセスの構築を通じてステークホルダーとのコミュニケーションを目指す IIRC（2013）のオクトパスモデルがある。わが国では，戦略管理に役立てようとする知的財産戦略本部が2018年に公表した経営デザインシートがある。しかし，これらは，コネクティビティとマテリアリティが完全にとれているとは言い難い。たとえば，オクトパスモデルはインタンジブルズと企業価値の因果関係が明確に示せていない。また，マテリアリティは価値毀損に限定している。経営デザインシートは，インタンジブルズと価値創造プロセスのコネクティビティがとれていない。また，マテリアリティに関する記述はほとんどない。

　そこで，本研究ではBSCを用いることで，この2つの概念をインタンジブルズ・マネジメントに取り込むことができることを明らかにした。戦略マップを構築することで，財務指標と非財務情報とを結合することができる。言い換えれば，インタンジブルズがどのように価値創造および価値毀損を抑制するのかという企業価値創造に向けた因果関係が明確になる。また，スコアカードを構築することで，資本と価値創造プロセスとを結合することができる。特に，測定が困難と言われるインタンジブルズの測定にはレディネス評価を行うべきである。レディネス評価によって，現時点でどれだけインタンジブルズが構築できているかが測定でき，戦略を達成するためにどれだけインタンジブルズを構築すべきかが明確になる。そして，現状と目標値のギャップを埋めるための戦略目標が設定され，価値創造プロセスである戦略マップに示すことができる。

　このようなコネクティビティとマテリアリティを担保したBSCを用いてインタンジブルズ・マネジメントを統合化することで，次の3つの便益が期待できる。

　第1に，コネクティビティとマテリアリティを担保したBSCは，ステークホルダーが企業の実態を理解するうえで重要な情報となる。特に，オフバランスのインタンジブルズ情報を価値創造プロセスの中で示すことで，ス

テークホルダーの理解を深めコミュニケーションを促進する。

　第2に，従来，コネクティビティが担保されている BSC にマテリアリティという概念を加えることで，企業価値を高める価値創造と価値毀損の両面から戦略管理の中でインタンジブルズをマネジメントすることができる。

　第3に，コミュニケーションと戦略管理とに同一の BSC を用いることで，外部情報と内部情報の整合性を図ることができる。

　以上のように，コネクティビティとマテリアリティを担保した BSC を用いることで，インタンジブルズ・マネジメントの統合化が実現する。本研究における第3の貢献は，これまで，個別扱われてきたインタンジブルズ・マネジメントを統合した点にある。

参考文献

序章

Andriessen, D.（2004）, "IC valuation and measurement: classifying the state of art", *Journal of Intellectual Capital*, Vol. 5 No. 2, pp. 230-42.

Andriessen, D.（2004）, "IC Valuation and Measurement: Classifying the State of the Art," *Journal of Intellectual Capital*, Vol. 5, No. 2, pp. 230-242.

Barney, J.（1991）, "Firm Resources and Sustained Competitive Advantage," *Journal of Management*, Vol. 17, pp. 99-120.

Blair, M. M. and S. M. H. Wallman（2001）, *Unseen Wealth: Report of the Brookings Task Force on Intangibles*, The Brookings Institution〔広瀬義州他訳（2002）『ブランド価値評価入門～見えざる富の創造』中央経済社〕.

IIRC（2013）, *The International〈IR〉Framework*, International Integrated Reporting Council〔日本公認会計士協会訳（2014）『国際統合報告フレームワーク日本語訳』〕.

Ittner, C. D. and D. F. Larker（2005）, "Moving From Strategic Measurement to Strategic Data Analysis,"Chapman C. S.（Ed.）*Controlling Strategy: Management, Accounting, and Performance Measurement*, Oxford University Press〔澤邉紀生・堀井悟志監訳（2008）「戦略的測定から戦略的データ分析へ」『戦略をコントロールする―管理会計の可能性』中央経済社〕.

Kaplan, R. S. and D. P.Norton（2004）, *Strategy Maps*, Harvard Business School Press〔櫻井通晴・伊藤和憲・長谷川惠一監訳（2005）『戦略マップ―バランスト・スコアカードの新・戦略実行フレームワーク』ランダムハウス講談社〕.

Lev, B.（2001）, *Intangibles: Management, and Reporting*, The Brookings Institution Press〔広瀬義州・桜井久勝監訳（2002）『ブランドの経営と会計』東洋経済新報社〕.

Lev, B. and F. Gu（2016）, *The End of Accounting and the Path Forward for Investors and Managers*, Wiley〔伊藤邦雄監訳（2018）『会計の再生』中央経済社〕.

Marr, B., D. Gray and A. Neely（2003）, "Why do Firms Measure Their

Intellectual Capital?," *Jounal of Intellectual Capital*, Vol. 4, No. 4, pp. 441-463.

Surroca, J., J. A. Tribo, and S. Waddock (2010), "Corporate Responsibility and Financial Performance: The Role of Intangible Resources," *Strategic Management Journal*, Vol. 31, pp. 463-490.

Ulrich, D. and N. Smallwood (2003), *Why the Bottom Line Isn't!: How to Build Value Through People and Organization*, John Wiley & Sons〔伊藤邦雄監訳 (2003)『インタンジブル経営―競争 優位をもたらす「見えざる資産」構築法』ランダムハウス講談社〕.

伊藤和憲 (2014),『戦略マップによる戦略の策定と実行―事例で見るインタンジブルズのマネジメントと統合報告への管理会計の貢献―』同文舘出版。

伊藤和憲 (2016),「利害関係者の利害調整からステークホルダーとの対話へ」,『ディスクロージャー・ニュース』Vol. 32, pp. 123-128。

伊藤和憲・西原利昭 (2016),「エーザイのステークホルダー・エンゲージメント」『産業経理』Vol. 76, No. 2, pp. 39-51。

伊藤和憲・関谷浩行 (2016),「インタンジブルズと企業価値に関わる理論的モデルの構築」『会計学研究』Vol. 42, pp. 1-32。

第1章

Baird, K. M., Harrison, G. L. and Reeve, R. C. (2004), "Adoption of Activity Management Practices: a note on the extent of adoption and the influence of organizational and cultural factors," *Management Accounting Research*, Vol. 15, No. 4, pp. 383-399.

Becker, G. (1964), *Human Capital*, The University of Chicago Press.

Bhimani, A. (2003), "A Study of The Emergence of Management Accounting System Ethos and Its Influence on Perceived System Success," *Accounting Organizations and Society*, Vol. 28, No. 6, pp. 523-548.

Blair, M. M. and S. M. H. Wallman (2001), *Unseen Wealth: Report of the Brookings Task Force on Intangibles*, The Brookings Institution〔広瀬義州他訳 (2002)『ブランド価値評価入門―見えざる富の創造』中央経済社〕.

Brummet, R. L., Flamholtz, E. G. and Pyle, W. C. (1969), "Human Resource Accounting: A tool to increase managerial effectiveness," *Management Accounting*, Vol. 51, No. 2, pp. 12-15.

Brynjolfsson, E. (2004), *Intangible Assets*, Diamond Inc〔CSK 訳 (2004)『インタンジブル・アセット「IT 投資と生産性」相関の原理』ダイアモンド社〕.

Coombs, R. (1987), *Economics and technological change*, MacMillan〔竹内啓・広松毅監訳 (1989)『技術革新の経済学』新世社〕.

Dent, J. F. (1991a), "Accounting and Organizational Cultures: A Field Study of The Emergence of a New Organizational Reality," *Accounting Organizations and Society*, Vol. 16, No. 8, pp. 705-732.

Dent, J. F. (1991b), "Reality in the Making: a Study of Organizational Transformation," *International Studies of Management and Organization*, Vol. 21, No. 4, pp. 23-36.

Drucker, P. F. (1954), *The Practice of Management*, New York: Harper & Row.〔上田惇生訳 (2006)『現代の経営』(上・下) ダイヤモンド社〕.

Edvinson, L. and M. S. Malone (1997), *Intellectual Capital*, Harper Collins Publishers Inc〔高橋　透訳 (1997)『インテレクチュアル・キャピタル—企業の知力を測るナレッジ・マネジメントの新財務指標』日本能率協会マネジメントセンター〕.

Fombrun, C. J. and M. Shanley (1990), "What's in a Name? Reputation Building and Corporate Strategy," *Academy of Management Journal*, Vol. 33, No. 1, pp. 233-258.

Freeman, R. E., J. S. Hariis and A. C. Wicks (2007), *Managing for Stakeholders Survival, Reputation, and Success*, Yale University Press〔中村瑞穂監訳 (2010)『利害関係者志向の経営　存続・世評・成功』白桃書房〕.

Kaplan, R. S. and D. P. Norton (2004), *Strategy Maps*, Harvard Business School Press〔櫻井通晴・伊藤和憲・長谷川惠一監訳 (2005)『戦略マップ—バランスト・スコアカードの新・戦略実行フレームワーク』ランダムハウス講談社〕.

Lev, B. (2001), *Intangibles: Management, and Reporting*, The Brookings Institution Press〔広瀬義州・桜井久勝監訳 (2002)『ブランドの経営と会計』東洋経済新報社〕.

Mckinsey & Company (2010), *Valuation: Measuring and Managing the Value of Companies*, John Wiley & Sons〔マッキンゼー・コーポレート・ファイナンス・グループ訳 (2012)『企業価値評価』中央経済社〕.

MERITUM (2002), *Guidelin for Managing and Reporting on Intangibles (Intel-*

lectual Capital Reporting), European Commission.

Peters, T. J. and Waterman, Jr.（1982）, *In Search of Excellence*, Harpers and Row〔大前研一訳（1983）『エクセレント・カンパニー』講談社〕.

Polanyi, M.（1966）, *The Tacit Dimension*, Routledge & Kegan Paul.

Porter, M. and M. Kramer,（2011）"Creating Shared Value: Redefining Capitalism and the Role of the Corporation in Society," *Harvard Business Review*, January, pp. 2-17〔編集部訳（2011）「共通価値の戦略 Creating Shared Value」『DIAMONDハーバード・ビジネス・レビュー』11月号〕.

Riahi-Belkaoui, A. and E. Pavlik（1991）, "Asset Management Performance and Reputation Building for Large US Firms," *British Journal of Management*, Vol. 2, pp. 231-238.

Roberts, P. W. and G. R. Dowling（2002）, "Corporate Reputation and Sustained Superior Financial Performance," *Strategic Management Journal*, Vol. 23, pp. 1077-1093.

Spence, A. M.（1974）, *Market Signaling: Informational Transfer in Hiring and Related Screening Procedures*, Harvard University press.

Weigelt, K. and C. Camerer（1988）, "Reputation and Corporate Strategy: AReview of Recent Theory and Aoolications," *Strategic Manegement Jounal*, Vol. 37, No. 5.

Yoon, E., H. J. Guffey. and V. Kikewski（1993）," The Effects of Information and Company Reputation on Intentions ti Buy Business Service," *Jounal of Buiness Research*, Vol. 27, pp. 215-228.

伊丹敬之（1987）,『人本主義企業―変わる経営，変わらぬ原理』筑摩書房。

伊藤和憲（2014）,『BSCによる戦略の策定と実行―事例で見るインタンジブルズのマネジメントと統合報告への管理会計の貢献―』同文舘出版。

伊藤克容（2007）,『組織を活かす管理会計―組織モデルと業績管理会計の関係性―』生産性出版。

岩出 博（2002）,『戦略的人的資源管理の実相―アメリカ論研究ノート―』泉文堂。

内山哲彦（2009）,「インタンジブルズとしての人的資産のマネジメント―戦略・管理会計の連携に向けた課題―」『スタディ・グループインタンジブルズの管理会計研究―コーポレート・レピュテーションを中心に（中間報告）』日本会

計研究学会，pp. 31-46。

内山哲彦（2010），「インタンジブルズとしての人的資源の管理と管理会計：総合的業績管理システム研究における意義と課題」『千葉大学経済研究』Vol. 24, No. 3, pp. 1-25。

内山哲彦（2016），「人的資産にかかわる測定と価値創造：統合報告を例に」『千葉大学経済研究』Vol. 31, No. 1, pp. 51-76。

小酒井正和（2008），『BSC による戦略志向の IT マネジメント』白桃書房。

櫻井通晴（2005），『コーポレート・レピュテーション「会社の評判」をマネジメントする』中央経済社。

櫻井通晴（2015），『管理会計（第 6 版）』同文舘出版。

西澤　脩（1967），「研究開発費の効果測定」『早稲田商学』Vol. 197, pp. 63-101。

西村優子（2001），『研究開発戦略の会計情報』白桃書房。

野中郁次郎・竹内弘高（1996），『知識創造企業』東洋経済新報社。

若杉　明（1973），『人的資源会計』森山書店。

第 2 章

Blair, M. M. and S. M. H. Wallman（2001），*Unseen Wealth: Report of the Brookings Task Force on Intangibles*, The Brookings Institution〔広瀬義州他訳（2002）『ブランド価値評価入門～見えざる富の創造』中央経済社〕.

Danish Ministry of Science, Technology and Innovation（2003），*Intellectual Capital Statements: The New Guideline*, DMT.

Danish Trade and Industry Development Council（1997），*Intellectual Capital Accounts: Report and Managing Intellectual Capital*, DMT.

Edvinson, L.（1998），"Managing Intellectual Capital at Skandia," in P. Sullivan（Ed），*Profting from Intellectual Capital*, John Wiley & Sons, Inc.

Edvinson, L. and M. S. Malone（1997），*Intellectual Capital*, Harper Collins Publishers Inc〔高橋透訳（1997）『インテレクチュアル・キャピタル―企業の知力を測るナレッジ・マネジメントの新財務指標』日本能率協会マネジメントセンター〕.

Freeman, R. E, J. S. Hariis and A. C. Wicks（2007），*Managing for Stakeholders Survival, Reputation, and Success*, Yale University Press〔中村瑞穂監訳（2010）『利害関係者志向の経営　存続・世評・成功』白桃書房〕.

GRI（2013），*Sustainability Reporting Guidelines, version* 4, GRI.

Kaplan, R. S. and D. P. Norton（2004），*Strategy Map*s, Harvard Business School Press〔櫻井通晴・伊藤和憲・長谷川惠一監訳（2005）『戦略マップ—バランスト・スコアカードの新・戦略実行フレームワーク』ランダムハウス講談社〕．

Lev B.（2001），*Intangibles: Management, and Reporting*, The Brookings Institution Press〔広瀬義州・桜井久勝監訳（2002）『ブランドの経営と会計』東洋経済新報社〕．

MERITUM（2002），*Guidelin for Managing and Reporting on Intangibles*（*Intellectual Capital Reporting*），European Commission.

Mouritsen. J., H. Larsen and P. Bukh（2002），"Valuing the Future: Intellectual Capital Supplement at Skandia," *Accounting, Auditing & Accountability Jounal*, Vol. 14, No. 4, pp. 399-422.

Schaltegger, S.（2012），"Sustainability Reporting Beyond Rhetoric -Linking Strategy, Accounting and Communication," in Jones, S. and J. Ratnatunga, （Ed），*Contemporary Issues in Sustainability Accounting Assurance and Reporting*, Emerald Group Publishing Lmited, pp. 183-195.

伊藤邦雄（2014），『新企業価値評価』日本経済新聞出版社。

伊藤和憲・西原利昭（2016），「エーザイのステークホルダー・エンゲージメント」『産業経理』Vol. 76, No. 2, pp. 39-51。

楠木　健（2010），『ストーリーとしての競争戦略』東洋経済新報社。

経済産業省編（2005），『知的資産経営の開示ガイドライン』経済産業省。

古賀智敏（2012），『知的資産の会計』千倉書房。

西原利昭（2015），「インタンジブルズに基づく企業の価値創造：BSC，知的資本報告書，統合報告の論点比較」『原価計算研究』Vol. 39, No. 1, pp. 39-51。

広瀬義州（2015），『財務会計（第13版）』中央経済社。

第 3 章

Andrews, K. R.（1987），*The Concept of Corporate Strategy* ^{3rd} *Edition*, Dow joes Irwin〔中村元一・黒田哲彦訳（1991）『経営幹部の全社戦略』産業能率大学出版〕．

Ansoff, H. I.（1965），*Corporate Strategy: An Analytic Approach to Business Policy for Growth and Expansion*, New York, NY: McGraw Hill, Inc.〔広田寿亮訳

(1969)『企業戦略論』産業能率大学出版部〕.

Anthony, Robert N. (1965), *Planning and Control Systems: A Framework for Analysis*, Harvard Business School〔高橋吉之助訳 (1968)『経営管理システムの基礎』ダイヤモンド社〕.

Argyris, C. and D. A. Schön (1978), *Organizational Learning: A Theory of Action Perspective. Reading*, MA: Addison-Wesley Publishing Company.

Barny, J. B. (2002), *Gaining and Sustaining Competitive Advantage*, Second Edition, Pearson Education〔岡田正大訳 (2003)『企業戦略論上基本編』ダイヤモンド社〕.

Chandler, A. (1962), *Strategy and Structure: Chapters in the History of the American Industrial Enterprise*, The M.I.T.Press〔有賀裕子訳 (2004)『組織は戦略に従う』ダイヤモンド社〕.

Dyer, J., H. Gregersen and C. M. Christensen (2011), *The Innovator's DNA: Mastering the Five Skills of Disruptive Innovators*, Harvard Business Review Press.

Ittner, C. D. and D. F. Larker (2005), "Moving From Strategic Measurement to Strategic Data Analysis,"Chapman C. S. (Ed.) *Controlling Strategy: Management, Accounting, and Performance Measurement*, Oxford University Press〔澤邉紀生・堀井悟志監訳 (2008)「戦略的測定から戦略的データ分析へ」『戦略をコントロールする～管理会計の可能性』中央経済社〕.

Kaplan, R. S. and D. P. Norton (2001), *The Strategy-Focused Organization: How Balanced Scorecard Companies Thrive in the New Business Enviroment*, Harvard Business School Press〔櫻井通晴監訳 (2001)『戦略バランスト・スコアカード』東洋経済新報社〕.

Kaplan, R. S. and D. P. Norton (2004), *Strategy Maps*, Harvard Business School Press〔櫻井通晴・伊藤和憲・長谷川惠一監訳 (2005)『戦略マップ—バランスト・スコアカードの新・戦略実行フレームワーク』ランダムハウス講談社〕.

Kaplan, R. S. and D. P. Norton (2006), *Alignment, Using the Balanced Scorecard to Create Corporate Synergies*, Harvard Business School Press〔櫻井通晴・伊藤和憲監訳 (2007)『BSCによるシナジー戦略』ランダムハウス講談社〕.

Mintzberg, H. (1987), Crafting Strategy, *Harvard Business Review*, July-Augst, pp. 66-74.

Mintzberg, H., B. Ahlstrand, and J. Lampel (1998), *Strategy Safari: A Guided Tour Through The Wilds of Strategic Management*, Free Press〔斎藤嘉則・木村充・奥澤朋美・山口あけも訳(1999)『戦略サファリ』東洋経済新報社〕.

Poter, M. E. (1985), *Compettitive Strategy: Techniques for Analyzing Industries and Resouce Dependence Perspective*, Harper & Row〔土岐坤他訳(1985)『競争優位の戦略:如何に好業績を持続させるか』ダイヤモンド社〕.

Prahalad, C. K., and G. Hamel (1990), "The Core Competence of the Corporation," *Harvard Business Review*, May-June, pp. 79-90〔一条和生訳(1990)『コア競争力の発見と開発』ダイヤモンド・ハーバード・ビジネス〕.

伊藤和憲(2014),『BSCによる戦略の策定と実行―事例で見るインタンジブルズのマネジメントと統合報告への管理会計の貢献―』同文舘。

梅田宙・関谷浩行・伊藤和憲(2018),「エマージェント組織のインタンジブルズ・マネジメント―A社のケース・スタディ」(管理会計学会2017年度第2回リサーチセミナー配布資料)。

櫻井通晴(2003),「BSCの経営への役立ち」『企業会計』Vol. 55, No. 5, pp. 642-647。

櫻井通晴(2008),『バランスト・スコアカード(改訂版)―理論とケース・スタディ』同文舘。

清水勝彦(2011),『戦略と実行』日経BP社。

第4章

Boultin, F., B. Libert and S. Samek (2000), *Cracking The Value Code*, HarperBusines〔アーサーアンダーセン訳(2000)『バリューダイナミクス』東洋経済新報社〕.

Solomons, D. (1965), *Divisional Performance: Measurement and Control*, Irvin〔櫻井通晴・鳥居宏史監訳(2005)『事業部制の業績評価』東洋経済社〕.

Danish Ministry of Science, Technology and Innovation (2003), *Intellectual Capital Statements: The New Guideline*, DMT.

Donovan, J., R. Tully and B. Wortman (1998), *The Value Enterprise: Strategies for Building a Value-based Organization*, McGraw-Hill〔デロイト・トーマツ・コンサルティング戦略事業部訳(1999)『価値創造企業―株主, 従業員, 顧客, 全ての満足を最大化する経営改革』日本経済新聞社〕.

Drucker, P. F.（1954）, *The Practice of Management*, Harper & Row, Publishers, inc.〔上田惇生訳（2002）『現代の経営上』ダイヤモンド社〕.

Edvinson, L. and M. S. Malone（1997）, *Intellectual Capital*, Harper Collins Publishers Inc〔高橋透訳（1997）『インテレクチュアル・キャピタル―企業の知力を測るナレッジ・マネジメントの新財務指標』日本能率協会マネジメントセンター〕.

Freeman, R. E, J. S. Hariis and A. C. Wicks（2007）, *Managing for Stakeholders Survival, Reputation, and Success*, Yale University Press〔中村瑞穂監訳（2010）『利害関係者志向の経営　存続・世評・成功』白桃書房〕.

Heskett, J., O. Jones, W. Loveman, W. Saaaer and A. Schlesinger（1994）, "Putting the Service-Profit Chain to Work" *Harverd Business Review*, March-April, pp. 164-170.

IIRC（2011）, *Prototype of The International 〈IR〉 Framework*, International Integrated Reporting Council.

IIRC（2013）, *The International 〈IR〉 Framework*, International Integrated Reporting Council〔日本公認会計士協会訳（2014）『国際統合報告フレームワーク日本語訳』〕.

Kaplan, R. S. and D. P. Norton（2004）, *Strategy Maps*, Harvard Business School Press〔櫻井通晴・伊藤和憲・長谷川恵一監訳（2005）『戦略マップ―バランスト・スコアカードの新・戦略実行フレームワーク』ランダムハウス講談社〕.

Kaplan, R. S. and D. P. Norton（2006）, "Office Strategy management," *Harverd Business Review*, March, pp. 100-109.

Kaplan, R. S.（2009）, "Risk Management and the Strategy Execution System," *Balanced Scorecard Report*, Vol. 11, No. 6.

KPMG（2018）, 『日本企業の統合報告書に関する調査2017』KPMG ジャパン統合報告センター・オブ・エクセレンス。

Lev B.（2001）, *Intangibles: Management, and Reporting*, The Brookings Institution Press〔広瀬義州・桜井久勝監訳（2002）『ブランドの経営と会計』東洋経済新報社〕.

Mckinsey & Company（2010）, *Valuation: Measuring and Managing the Value of Companies*, John Wiley & Sons〔マッキンゼー・コーポレート・ファイナンス・グループ訳（2012）『企業価値評価』中央経済社〕.

MERITUM（2002）, *Guidelin for Managing and Reporting on Intangibles*（*Intellectual Capital Reporting*）, European Commission.

WICI（2013）, *Connectivity Background Paper for〈IR〉*〔WICI 訳（2018）『統合報告〈IR〉のための相互結合性に関するバックグラウンドペーパー』WICI ジャパン〕.

伊丹敬之（1987）,『人本主義企業―変わる経営, 変わらぬ原理』筑摩書房。

伊藤和憲（2016）,「統合報告書に基づく価値創造プロセスの比較研究」,『専修商学論集』Vol. 103, pp. 19-37。

伊藤和憲・関谷浩行（2016）,「インタンジブルズと企業価値に関わる理論的モデルの構築」『会計学研究』Vol. 42, pp. 1-32。

伊藤和憲・西原利昭（2016）,「エーザイのステークホルダー・エンゲージメント」『産業経理』Vol. 76, No. 2, pp. 39-51。

エーザイ（2017）,『統合報告書2017』エーザイ株式会社。

経済産業省編（2005）,『知的資産経営の開示ガイドライン』経済産業省。

櫻井通晴（2010）,「ステークホルダー理論からみたステークホルダーの特定：コーポレート・レピュテーションにおけるステークホルダー」『専修経営研究年報』Vol. 34, pp. 93-113。

南雲岳彦（2006）,「戦略管理とエンタープライズ・リスク管理の統合アプローチ―BSC と COSO ERM の統合フレームワークの検討―」『管理会計学』Vol. 14, No. 2, pp. 41-53。

第 5 章

Blair, M. M. and S. M. H. Wallman（2001）, *Unseen Wealth: Report of the Brookings Task Force on Intangibles*, The Brookings Institution〔広瀬義州他訳（2002）『ブランド価値評価入門～見えざる富の創造』中央経済社〕.

Boultin, F., B. Libert and S. Samek（2000）, *Cracking The Value Code*, HarperBusiness〔アーサーアンダーセン訳（2000）『バリューダイナミクス』東洋経済新報社〕.

Dyer, J., H. Gregersen and C. M. Christensen（2011）, *The Innovator's DNA: Mastering the Five Skills of Disruptive Innovators*, Harvard Business Review Press.

Donovan, J., R. Tully and B. Wortman（1998）, *The Value Enterprise: Strategies for Building a Value-based Organization*, McGraw-Hill〔デロイト・トーマツ・コンサルティング戦略事業部訳（1999）『価値創造企業―株主，従業員，顧客，全ての満足を最大化する経営改革 』日本経済新聞社〕.

Eccles, R. G. and M. P. Krzus（2010），*One Report: Integrated Reporting for a Sustainable Strategy*, John Wiley & Sons〔花堂靖仁監訳（2012）『ワンレポート：統合報告が開く持続可能な社会と企業』東洋経済新報社〕.

Freeman, R. E., J. S. Hariis and A. C. Wicks（2007），*Managing for Stakeholders Survival, Reputation, and Success*, Yale University Press.〔中村瑞穂監訳（2010）『利害関係者志向の経営　存続・世評・成功』白桃書房〕.

Heskett, J., O. Jones, W. Loveman, W. Saaaer and A. Schlesinger（1994），"Putting the Service-Profit Chain to Work," *Harverd Business review*, March-April, pp. 164-170.

IIRC（2011），*Prototype of The International〈IR〉Framework*, International Integrated Reporting Council.

IIRC（2013），*The International〈IR〉Framework*, International Integrated Reporting Council〔日本公認会計士協会訳（2014）『国際統合報告フレームワーク日本語訳』IIRC〕.

Kaplan, R. S. and D. P.Norton（2004），*Strategy Maps*, Harvard Business School Press〔櫻井通晴・伊藤和憲・長谷川惠一監訳（2005）『戦略マップ―バランスト・スコアカードの新・戦略実行フレームワーク』ランダムハウス講談社〕.

Mckinsey & Company（2010），*Valuation: Measuring and Managing the Value of Companies*, John Wiley & Sons〔マッキンゼー・コーポレート・ファイナンス・グループ訳（2012）『企業価値評価』中央経済社〕.

MERITUM（2002），*Guidelin for Managing and Reporting on Intangibles（Intellectual Capital Reporting）*, European Commission.

Lev, B.（2001），*Intangibles: Management, and Reporting*, The Brookings Institution Press〔広瀬義州・桜井久勝監訳（2002）『ブランドの経営と会計』東洋経済新報社〕.

WICI（2013），*Connectivity Background Paper for〈IR〉*〔WICI訳（2018）『統合報告〈IR〉のための相互結合性に関するバックグラウンドペーパー』WICIジャパン〕.

上妻義直（2012），「統合報告はどこへ向かうのか」『会計』Vol. 182, No. 4, pp.

107-123。

伊藤邦雄・加賀谷哲之・鈴木智大（2012），「会計はどこに向かっているのか」
『一橋ビジネスレビュー』Sum, pp. 6-22。

伊藤和憲（2007），『ケーススタディ戦略の管理会計—新たなマネジメント・シス
テムの構築—』同文舘出版。

伊藤和憲（2014），『戦略マップによる戦略の策定と実行—事例で見るインタンジ
ブルズのマネジメントと統合報告への管理会計の貢献—』同文舘出版。

伊藤和憲・関谷浩行（2016），「インタンジブルズと企業価値に関わる理論的モデ
ルの構築」『会計学研究』Vol. 42，pp. 1-32。

伊藤和憲（2016），「統合報告書に基づく価値創造プロセスの比較研究」『専修商
学論集』Vol. 103，pp. 19-37。

伊藤和憲・西原利昭（2016），「エーザイのステークホルダー・エンゲージメン
ト」『産業経理』Vol. 76，No. 2，pp. 39-51。

伊藤和憲・西原利昭（2017），「エーザイの統合報告書による情報開示と情報利
用」『会計学研究』Vol. 43，pp. 1-26。

内山哲彦（2014），「統合報告と管理会計—二つの研究視点から—」『會計』Vol.
185，No. 6，pp. 27-40。

内山哲彦（2015a），「企業の社会性・人間性と企業価値創造—統合報告と管理会
計の役割—」『管理会計学』Vol. 23，No. 2，pp. 45-59。

内山哲彦（2015b），「経営管理からみた統合報告の役割と課題」『青山アカウン
ティング・レビュー』Vol. 5，pp. 42-46。

古賀智敏（2015），「統合報告研究の課題・方法の評価と今後の研究アジェンダ」
『會計』Vol. 188，No. 5, pp. 1-15。

西原利昭（2018），『統合報告におけるインタンジブルズの情報開示と情報利用』
専修大学出版局。

終章

Blair, M. M. and S. M. H. Wallman（2001），*Unseen Wealth: Report of the Brookings Task Force on Intangibles*, The Brookings Institution〔広瀬義州他訳（2002）『ブランド価値評価入門～見えざる富の創造』中央経済社〕.

IIRC（2013），*The International ⟨IR⟩ Framework*, International Integrated Reporting Council〔日本公認会計士協会訳（2014）『国際統合報告フレーム

ワーク日本語訳』).

Ittner, C. D. and D. F. Larker（2005）, "Moving From Strategic Measurement to Strategic Data Analysis," Chapman C. S.（Ed.）*Controlling Strategy: Management, Accounting, and Performance Measurement*, Oxford University Press〔澤邉紀生・堀井悟志監訳（2008）「戦略的測定から戦略的データ分析へ」『戦略をコントロールする～管理会計の可能性』中央経済社〕.

Kaplan, R. S. and D. P. Norton（2004）, *Strategy Maps*, Harvard Business School Press〔櫻井通晴・伊藤和憲・長谷川惠一監訳（2005）『戦略マップ―バランスト・スコアカードの新・戦略実行フレームワーク』ランダムハウス講談社〕.

Lev, B.（2001）, *Intangibles: Management, and Reporting*, The Brookings Institution Press〔広瀬義州・桜井久勝監訳（2002）『ブランドの経営と会計』東洋経済新報社〕.

Marr, B., D. Gray and A. Neely（2003）, "Why do Firms Measure Their Intellectual Capital?," *Jounal of Intellectual Capital*, Vol. 4, No. 4, pp. 441-463.

Ulrich, D. and N. Smallwood（2003）, *Why the Bottom Line Isn't!: How to Build Value Through People and Organization"*, John Wiley & Sons〔伊藤邦雄監訳（2003）『インタンジブル経営―競争優位をもたらす「見えざる資産」構築法』ランダムハウス講談社〕.

Yin, R. K.（1994）, *Case Study Research: Design and Methods*, Second Edition, Sage Publications Inc〔近藤公彦訳（1996）『ケース・スタディの方法』千倉書房〕.

伊藤和憲（2014）, 『戦略マップによる戦略の策定と実行―事例で見るインタンジブルズのマネジメントと統合報告への管理会計の貢献―』同文舘出版。

伊藤和憲・関谷浩行（2016）, 「インタンジブルズと企業価値に関わる理論的モデルの構築」『会計学研究』Vol. 42, pp. 1-32。

索引

著者略歴

梅田　充（うめだ・しゅう）

1991年　東京都生まれ。
2014年3月　産業能率大学経営学部卒業。
2016年3月　久留米大学大学院ビジネス研究科修了。
2018年4月　専修大学大学院任期制助手。
2019年3月　専修大学大学院商学研究科修了。
現在　専修大学商学部助手。
主な学術論文
「コーポレート・レピュテーションの測定に関わる論点」2017,『日本知的資産経営学会誌』, Vol. 4, pp. 35-43.
「インタンジブルズ・マネジメントにおける測定の役割」2018,『専修マネジメント・ジャーナル』, Vol. 8, No. 1, pp. 55-56.
「戦略管理のためのインタンジブルズの構築」2018,『商学研究』, Vol. 12, pp. 35-58.

インタンジブルズ・マネジメントの統合化
　　―コミュニケーション、戦略管理、価値創造―

2020年2月28日　第1版第1刷

著　者　　梅田　充

発行者　　上原伸二

発行所　　専修大学出版局
　　　　　〒101-0051　東京都千代田区神田神保町3-10-3
　　　　　　　　　　　　　　　（株）専大センチュリー内
　　　　　電話03-3263-4230（代）

印刷
製本　　　亜細亜印刷株式会社